江戸の終活

遺言からみる庶民の日本史

夏目琢史

光文社新書

はじめに　遺言からみる日本史

実は深い幼児向けアニメの歌詞

「なんのために生まれて　なにをして生きるのか　（中略）　わからないままおわる　そんなのはいやだ！」

これは、誰もが一度は聞いたことがあると思われる「アンパンマンのマーチ」の一節です。「アンパンマン」の存在は皆さんご存知でしょうし、この曲を歌える人も多いでしょう。

実は、この「アンパンマンのマーチ」の歌詞、よく注意してみると、幼児向けのアニメであるアンパンマンからは、一見するとかけ離れた哲学的なものになっていることに気がつきます。「なんのために生まれて　なにをして生きるのか」――これは、紛れもなく、私たちの人生の究極の問いに違いありません。ちょっと、子どもには、重すぎる言葉のようにも感じます。

これについて、アンパンマンの作者のやなせたかしさん自身も、「アンパンマンのテーマソングはぼくの作詞だが、幼児アニメーションのテーマソングとしては重い問いかけになっている。ぼくはお子さまランチや、子供だましの甘さを嫌った」（やなせたかし『アンパンマンの遺書』岩波現代文庫、二〇一三年、二五五頁）、「これはアンパンマンのテーマソングであり、ぼくの人生のテーマソングでもある」（同、二六一頁）などと述べています。この歌詞に、特別な意味を込めていたことがわかります。まさに、作者自身も告白しているように、これは大人たちに向けたものであり、これから大人になっていく子どもたちへ向けての強烈なメッセージだったのです。

とはいえ、ほとんどの人は、この言葉の本当の意味を理解する、ずっと前に、そのフレーズを口ずさむことになります。そして、やがて成長していくなかで、この究極の問いを考えなければならないような人生の重大な局面をむかえることになります。しかし、そのときにアンパンマンのこの歌詞を思い出すことは、まずないでしょう。一度は耳にしたはずの歌詞なのに、いつのまにかこのメッセージは、遥か遠い記憶の彼方《かなた》へと消えてしまいます。

それは、「アンパンマンのマーチ」に限ったことではありません。誰もが、これまで生きてきたなかで、たくさんの助言を他人からもらいます。言葉の主は、両親であったり、祖父母であったり、友人であったり、先生であったり様々でしょうが、私たちはこれまでの人生ですでに多くの教訓を聞かされてきたはずです。もちろん、そうした言葉に耳を傾け、自らの糧にした経験をもつ人もいるでしょう。しかし多くの場合、なかなか、そうはいきません。私自身も意地っ張りなところがありますので、他人の意見にはあまり耳を傾けてきませんでした。むしろその場では強く反発したりして、しばらくしてから後悔することがたくさんあります。

ともあれ考えてみれば、私たちの周りは、たくさんの金言であふれています。私たちが気づかないだけで、どこでも教訓はすぐに見つかります。そして、実は、それらの言葉のなかに、一人一人の人生が凝縮されているのかもしれません。

二百年前の庶民が残した「史料」

本書では、江戸時代の史料（古文書）を読みながら、その社会と人びとの暮らしの様子を見ていきます。ここで扱う史料は、ほぼすべて市井《しせい》に生きた人びと、すなわち民間人の残したものです。学校の授業では、どうしても有名人中心の歴史を勉強していくことになりますが、ここでは庶民の視点から、江戸社会の実像を見ていきたいと思います。というのも、一般の人びとが残した等身大の文章のなかにこそ、その時代のリアルな姿、歴史が見えるはずだと考えられるからです。

ただ、江戸時代の史料は膨大に残っていますから、闇雲《やみくも》に読んでいくのはナンセンスでしょう。そこで、ここでは、もっとも人びとの人生が凝縮されていると推測される〝江戸時代の民間人の遺言〟に焦点をしぼり、江戸時代について考えていこうと思います。

しかし、こうした考えは、とくに若い人たちの顰蹙《ひんしゅく》を買ってしまいそうです。年長者の言うことなんか、聞いても意味ないいんじゃないの⁉ しかも、江戸時代の人の話なんて、私の人生と関係ないし……。皆さんのなかには、そんな意見をもつ方も、きっといるでしょう。

とくに近年は、スマホの普及やＡＩの登場によって、タメになる情報はネットで簡単に手に入ります。数十年前には、人伝《ひとづて》に聞くしかなかったはずの生活の隅々にわたる「知恵袋」が、今や寝転びながらスマホで検索すれば瞬時に見つかるようになりました。ですから、周囲の人の意見を聞かなくても解決できることは多くなってきています。

しかし、他ならぬ自分自身にとっての教訓、生きるための知恵というのは、本当にネットやＡＩから教えてもらうことができるものなのでしょうか。

たしかに、江戸時代の年輩の方々が残した言葉も、どれも当たり前のことを言っています。これから紹介していく遺言も、十人十色とはいえ、それぞれの境遇に合わせ、常識的なことを言っているに過ぎません。そしてそれは、ときには耳障りに感じるものもあるでしょう。しかし、まずはその言葉に真剣に向かい合い、彼らが人生の意味――「なんのために生まれて なにをして生きるのか」――についてどのように考えていたのか、残された史料のなかから読み取っていきたいと思います。同時にそこからは、江戸という時代の実像が浮かび上がってくるはずです。

もちろん、令和の時代を生きる私たちと江戸を生きた人びととの間には、無視できない時間と社会の隔《へだ》たりがあります。社会環境や政治状況もまるで違います。私たちは世界中で起きている情報を即座に知ることができるし、お金と時間さえあれば、飛行機でどこへでも気軽に出かけることができます。憲法によって、人権も守られています。

これに対して、江戸時代の人びとは、私たちよりもずっとずっと狭い社会のなかを生きていました。よって、彼らを〝世界を知らない人たち〟と、下に見ることもできてしまいます。

たしかに、現代人に比べれば彼らの生活は不便だったかもしれませんが、逆に当時ならではの様々な体験と、思索にふける余暇《よか》がありました。スマホやゲームに夢中になる時間がない分、心のなかに芽生える不安や苦痛にとことん向き合うチャンスもありました。実際、江戸時代の年長者のなかには、家督を跡継ぎに譲り、隠居する人もたくさんいました。そして、彼らは自らの人生を振り返り、子孫のために教訓としての遺言を書き記しました。最近の言葉でいえば「終活」ということになるでしょうが、近世人の声には現代にも通じる〝生きるヒント〟が凝縮されています。

もちろん、そうしたことができた人びとの数は、限られるでしょう。しかし、それは必ずしも身分の高い武士や宗教家だけに限られた話ではありませんでした。世俗を生きた百姓や町人のなかにも、遺言を残して子孫に生き方を説いた人はたくさんいました。そこには、私たちが考えることを忘れてしまった大切な何かがあったように感じます。有名人ではなく、市井の人びとのなかにこそ時代のリアルな姿があるはずです。そして、それを知ることが、ひいては現代の私たちの生き方を見つめ直すことにつながると思います。

では、これから早速、江戸時代の人びとが書き遺した十二通の遺言状を見ていきます。これらは、私が全国の自治体史の史料編のなかから目にとまったものをピック・アップしたものです。もちろん、正直にいうと私自身、彼らが遺言のなかに込めた本心を読み取れているかどうか心許ないところもあります。読者の皆さんには、是非、残された言葉そのものに注目していただきたいと思います。

本書の位置づけ——歴史探究のススメ

本書は、私が所属する国士舘大学の考古・日本史学コースの授業「近世史料を読む2」をもとにしています。これは、江戸時代をテーマとした卒論を書くうえでの導入ゼミのような位置づけであるため、本書でも折に触れて、江戸時代の概説的な内容や史料（本書ではすべて読みやすいように読み下し文にしました）を引用しています。そのため、一般の読者の皆さんには多少読みにくい部分があるかもしれません。ただ、まさにこの「史料」を読むということにこそ、歴史学の醍醐味があるのです。是非皆さんに、史料とともにその醍醐味を味わっていただきたいと思います。

歴史学とは簡単にいえば、過去に起きた事件や歴史に名を残した偉人の業績を知って、教養を深めるための行為です。また、日本および郷土の歴史について知識を得ることは、自分が住んでいる土地への理解と愛着を深めるために有益でしょう。

しかし、歴史学の魅力はそれだけではありません。歴史学が対象とする史料とは、過去を生きた人びとが残した文書や手紙などのことですが、それは必ずしも有名人のものだけに限りません。「普通の人びと」の史料もたくさん残っています。書き手の身分や属性を問わず、歴史を解き明かすための手掛かりとして、あらゆる史料は等しく貴重な価値があります。それは、もはや会うことのできない過去を生きた人びとと私たちをつなぐ唯一のメディアなのです。それを読み解くには、専門的な知識が必要だと考えてあきらめてしまうのはじつに惜しいことです。だって、「普通の人びと」が残した史料なのですから、ごく簡単な基礎知識さえ理解しておけば読み解けるはずです。

それが読めたとき、すなわち過去の人びとの言葉を理解できたとき、私たちの知見は歴史の集積に向かって開けていくことでしょう。まるでタイムマシンで時空間を移動したような感覚になるかもしれません。

現在、歴史学の専門家によって「史料」は読みやすいかたちで文章化され、自治体史やインターネットなどでも公開されています。それは裏をかえせば、誰もが歴史学者になれる準備ができているということを意味します。

そうしたことを念頭に、是非「史料」のなかに込められたメッセージを読み解く作業にお付き合いください。

※本書において史料を引用する際は読み下し文にして記しました。読みやすさを優先して助詞等を補い、誤字については修正した箇所もあります。また、現代では使われない用語については、基本的に原文を尊重し、意味は（　　）等で補いました。史料の欠損箇所については、〔　　〕や□などで記しました。

目次

■関連年表（江戸時代）

西暦	年号	将軍	できごと
1603年	慶長８年	初代家康	徳川家康、征夷大将軍となる
1615年	元和１年	２代秀忠	大坂夏の陣
			武家諸法度・禁中並公家諸法度発布
1637年	寛永14年	３代家光	島原の乱（～38年）
1644年	正保１年		**村上道慶【第３話】**
1651年	慶安４年	４代家綱	由井正雪の乱。末期養子の禁を緩和
1657年	明暦３年		明暦の大火
1671年	寛文11年		河村瑞賢、東廻り海運・西廻り海運を開く
1685年	貞享２年	５代綱吉	生類憐みの令（～1709年）
1701年	元禄14年		**相木芳仲【第２話】**
1702年	元禄15年		赤穂浪士事件が起きる
			松尾芭蕉が『奥の細道』を刊行。
1712年	正徳２年	６代家宣	**安藤孫左衛門【第８話】**
1716年	享保１年	８代吉宗	享保の改革はじまる
1738年	元文３年		**戸谷半兵衛【第６話】**
1742年	寛保２年		公事方御定書が編纂される
1756年	宝暦６年	９代家重	**鯉淵加兵衛【第５話】**
1767年	明和４年	10代家治	田沼意次、側用人となる（田沼時代　～86年）
1782年	天明２年		天明の飢饉、翌年には浅間山大噴火がおきる
1787年	天明７年	11代家斉	松平定信による寛政の改革がはじまる（～93年）
1820年	文政３年		**後藤善右衛門【第7話】**
1828年	文政11年		シーボルト事件
1829年	文政12年		**鈴木仁兵衛【第１話】**
1830年	天保１年		**片桐三九郎【第12話】**
1833年	天保４年		天保の飢饉（～39年）
1834年	天保５年		**間瀬屋佐右衛門【第９話】**
1837年	天保８年	12代家慶	大塩平八郎の乱
1841年	天保12年		天保の改革（～43年）
1853年	嘉永６年		ペリーが浦賀に来航
1854年	安政１年	13代家定	日米和親条約
1858年	安政５年	14代家茂	日米修好通商条約。安政の大獄
1860年	安政７年		桜田門外の変
1861年	文久１年		**増渕伊兵衛【第11話】**
1862年	文久２年		皇女和宮の降嫁
1863年	文久３年		**田村吉茂【第10話】**
1867年	慶応３年	15代慶喜	**武井次郎三郎【第４話】**
			大政奉還

第一部　なんのために働くのか

第一話「村役相勤めまじき遺書」

百姓・鈴木仁兵衛

どうして、こんなに一生懸命働かなくてはならないのだろうか。身も心もすり減らしながら。お金のためだろうか。家族を養うためだろうか。それとも、自分自身がより良く生きるためなのだろうか。時折、こんなことを考えてしまいませんか。

もちろん、こうした悩みは人それぞれで世代にもよると思います。定年をむかえて仕事をリタイアすると、また全く別の心境になったりもするのでしょうが、三十~四十代の働き盛りの人にとっては、これは他人事ではない命題の一つです。まずはこの問いについて、江戸時代の人びとがどんな考えをもっていたのか、その答えを率直に聞いてみることにしたいと思います。

今から二百年ほど前（十九世紀の前半）、東海地方で村役（名主役）をつとめていた鈴木《すずき》仁兵衛《じんべえ》は、一風変わった遺書を残しています。子孫に向けた遺書というのは、たいてい教訓めいた話になりがちです。何についてもああしなさい、こうしなさい、と書くものが多くあります。ここで紹介する遺書も、ある意味では教訓なのかもしれません。しかしながら、そのタイトルは、「村役相勤めまじき遺書」、つまり〝村役なんか絶対につとめるな〟という一風変わったものです。早速、その内容を見ていくことにしましょう。

道理に合わない主張

さて、この遺書の作者鈴木仁兵衛は、十八世紀後半から十九世紀前半にかけて、年号でいえば、寛政から文政の二十六年間、駿河国志太郡西方村《するがのくにしだぐんにしかたむら》（現在の静岡県藤枝市）の「名主《なぬし》」をつとめた人物です。そんな彼が、文政十二（一八二九）年、子孫に向け、次のような「遺書」を残しました（以下、史料については読み下し文で記します）。

村役相勤めまじき遺書

（前略）以来この帳面ならびに取立帳《とりたてちよう》をもって、村役の義は、〔　〕末々《すえずえ》までも相勤《あいつとめ》申すまじく候、後年の心得のため荒々《あらあら》□申し候、右の通り、くれぐれも名主役相勤め申すまじ。そのためかくの如く□候、以上。

文政十二丑年

鈴木仁兵衛（印）

倅《せがれ》東七郎へ譲り置き候ものなり

（『静岡県史』資料編12・近世四、一九九五年、二九八〜三〇二頁）

〔意訳〕

村役を勤めてはいけないことを遺言とします。

（前略）以降は、この帳面と取立帳の内容にしたがって、村役については末々に至るまで勤めてはいけません。後年の心得のためにざっと言っておきます。右のように、くれぐれも名主役を勤めてはいけません。ここに書いた通りです。以上。

文政十二（一八二九）年

鈴木仁兵衛（印）

息子の東七郎へ伝える言葉です

この遺書全体はかなりの長文ですが、引用の末尾に見られる「くれぐれも名主役を勤めてはいけません」という言葉はとても印象的です。

後でも述べますが、村役は、村民の代表ですから、とても名誉ある仕事のはずです。よって、仁兵衛のように自身が村役をつとめてきた人ならば、子孫に対して〝私のように立派に村役をつとめなさい！〟と言うのは普通の帰結のように思います。〝お前も俺みたいに立派に村のために尽くしなさいよ〟という方が、よほど理にかなっています。

しかし、鈴木仁兵衛は全く違います。息子に向けて、〝村役なんか絶対につとめるな〟と忠告します。しかもこれは、タイトルにもあるように「遺書」として記されたものです。

仁兵衛が、「遺書」として自分の息子の東七郎に伝えた最期の言葉がなぜ、このようなものになってしまったのでしょうか。そして、仁兵衛の真意とは、どのようなものだったのでしょうか。彼の生涯とその時代背景を、じっくり読み解いていくことにしましょう。

村役時代のほろ苦い経験

まず、鈴木仁兵衛が暮らしていた西方村について簡単に確認しておきましょう。西方村（現在の藤枝市西方《にしがた》）は、駿河国志太郡を流れる葉梨川《はなしがわ》の流域にある村で、村高《むらだか》（一村全体の田畑・屋敷地の総石高）は五一六石程度。西方村は、東海道の宿場町でいうと、岡部宿の**助郷《すけごう》（村）**とされていました。助郷村とは、江戸時代の宿駅制度において、人馬役などの負担を課せられた村のことをいいます。主な街道筋には、交通量の増加により人馬が不足した場合、補助の人馬を提供する村があらかじめ決められていました。西方村から岡部宿までの距離は、一里二十四町（約六・六キロ）ほどで（「元禄二年九月　西方村、村高・家数・寺社書上覚」『藤枝市史』資料編3　近世一、三九五頁）、藤枝宿からもそこまで離れていません（新東名高速道路「藤枝岡部ＩＣ」から、二キロほどの場所に位置しています）。

次に、西方村の支配の変遷についてもチェックしておきましょう。江戸時代の村や町を調べていくうえで、そこを治める領主の存在について知っておくことはとても大切です。西方村は、もともと田中藩領、それから幕府領になったこともありましたが、元禄十一（一六九八）年からは、旗本石川氏領となります。よって本章で紹介する文化年間（一八〇四〜一八）は、すでに旗本領となって久しい時期にあったことがわかります。

西方村には、曹洞宗の盤脚院《ばんきゃくいん》という寺領十石余をもつお寺があり、その末寺《まつじ》（本寺に従属する寺）も、村内に点在していました。元禄二（一六八九）年九月の村明細帳《むらめいさいちょう》によれば、家数は一二六軒で、このうち大工が二人（作右衛門・太兵衛）、木挽《こびき》が一人（左平次）、医者が二人（春庵・宗入）おり、馬も三十八頭いたといいます。このときの「庄屋」は太郎兵衛で、「組頭」が八人もいました（『藤枝市史』資料編3近世一、二〇〇四年、三九五〜三九六頁）。数字だけを見ると、賑やかな村を想像します。

盤脚院正門

しかし、現実は、そうとも限らなかったようです。仁兵衛が遺書を書く三年前の文政九（一八二六）年四月三日、藤枝宿に滞在したオランダ商館医の**シーボルト**（一七九六〜一八六六）は、『江戸参府紀行』のなかで、「六時ごろ藤枝を立つ。かなり大きな町で、手入れの悪い家々が裕福でないことを物語っている」（斎藤信訳、平

■「名主」の立ち位置

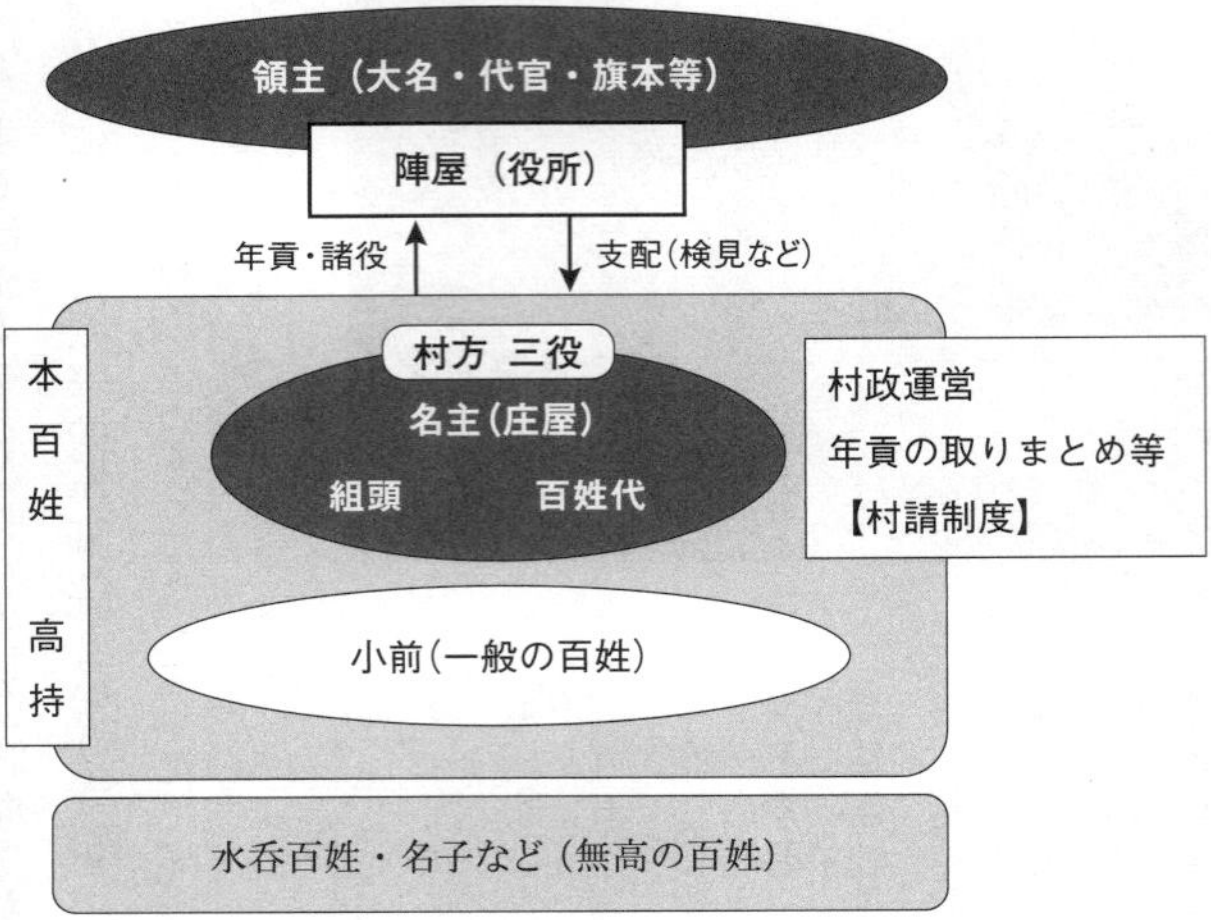

凡社、一九六七年、一七五頁）と、この町の印象を記しています。このころの藤枝宿は、たしかに「大きな町」ではあったでしょうが、必ずしも「裕福」ではなかったようです。

そこから想像するに、西方村も、周辺の旗本知行所《ちぎょうしょ》（領地）と同じく、慢性的な困窮状態にあったと見てよいでしょう。このような状況では、村の代表者である村役の人びとは、かなり大変であったと見られます。ちなみに、シーボルトは、この二年後に、国外持ち出し禁止の日本地図を入手したことにより、国外追放になります（**シーボルト事件**）。

話をもとに戻しましょう。一般的に、江

戸時代の**村役（村方三役《むらかたさんやく》）**と呼ばれる庄屋（名主）、組頭、百姓代の責任は、きわめて大きなものでした。それはべつに、この章の主人公である鈴木仁兵衛に限ったことではありません。当時の全国各地には、仁兵衛と同じような境遇にあって、悩んでいた人もたくさんいたことでしょう。しかしながら、一方で先に触れたように、村役をつとめることは大変名誉なことでもありました。仁兵衛と反対に、名主になりたいと思う人もいたはずです。先祖代々村役をつとめてきたような旧家は、とくにそうだったでしょう。実際、名主・庄屋役は世襲されることも多くありましたから、そのノウハウを子孫に伝えていこうとするのが、むしろ自然な流れといえるでしょう。

しかし、仁兵衛の考えは違いました。どうも、仁兵衛が抱えていた悩みは、かなり複雑なものだったようです。この「村役相勤めまじき遺書」を手掛かりに、仁兵衛の気持ちに迫っていきたいと思います。

まず、この遺書には、次の七つの話（①〜⑦）が載せられています。少し難しい内容ですが、当時の村役の仕事ぶりがよくわかる貴重な証言です。しばし、仁兵衛の言葉に耳を傾けてみることにしましょう。

① 年貢米をめぐる疑惑事件（寛政年中）

この遺書に載せられている最初の話は、領主に納める村の年貢米に関する事件です。仁兵衛の言い分は、次のようなものです。

西方村では、いつの頃からかわかりませんが、年貢米のうち「六俵六升」が不足するようになりました。もちろん、村の会計を管理する立場にあった村役たちはこのことに気がついており、これを「無主未進《むしゅみしん》」と名付け、毎年、繰り越してきたといいます。

しかし、天明年間（一七八一〜八九）になるとこれまでと違い、年貢を年内にすべて納めるようにと、役所から指示が出ました。そのなかで、当然といっては当然、この「繰越米《くりこしまい》」のことが問題視されるようになります。結局、この「繰越米」に対する利息も出さなくてはならなくなりました。このため、村役たちが相談し、この利金を一年に二分余ずつ、村の予算を決める入用割合《にゅうようわりあい》のときに書き出して村高に割り当てるようにしたそうです。つまり、村全体でこれを補填《ほてん》しようとしたのです。

ところが、寛政年間（一七八九〜一八〇一）に入ると、西方村の小前《こまえ》の者（一般の百姓）たちが、このことに疑いをもつようになります。つまり、村役に対して〝「無主未進」とはどういうことだ。どうしてこんな負債が生じてしまったのか、説明しろ〟という要求を突きつけました。

仁兵衛たちには悪いですが、小前たちのこうした主張も、筋が通っています。こうした事態は、見方を変えれば、これまで村役たちの言いなりになっていた小前たちが、経済的に、あるいは政治的に成長した証ともいえるでしょう。結局、「村方騒動いたし取り納まり申せず」(村方騒動になってしまって収拾がつかない)という状況に陥ってしまいました。**村方**《むらかた》**騒動**《そうどう》とは、村役のような富裕層を、小前の者たちが糾弾する運動のことをいいます。通説としては、田沼意次が政治を掌握する「田沼時代」(十八世紀後半)に増大していくとされていますから、まさにこれもその一例といえるでしょう。

こうした小前たちの訴えに対して、仁兵衛は、「是《これ》までの申し伝えがある」「村役が相談したうえで決定してきたことだ。その証拠の帳面も残っている」と説明したようです。しかしながらこうした説明に、小前たちが簡単に納得するはずもありません。困り果てた仁兵衛は、この件について、隣村・北方村の名主権兵衛に相談を持ちかけます。権兵衛は同じ名主なので、協力してくれると思ったのでしょう。あるいは、仁兵衛と権兵衛との間に、普段から付き合いがあったのかもしれません。

実際、北方村名主の権兵衛が、仁兵衛と小前たちの間に入って説明してくれたこともあって、その場はなんとか収まったようです。ところが、この解決の仕方にも問題がありました。この経緯について、仁兵衛の遺書には次のように記されています。

村役人内々相談をもって、追々《おいおい》目立ち申さず候様に、村入用《むらにゅうよう》に入れ、割り合い申すべく候間、先々権兵衛殿立ち入り申され候通り致し、事済《ことす》み申すべき由《よし》、これより表向《おもてむ》きは間違いといたし、村方取り納まり専一《せんいつ》に取り計らい申し候。

要するに、村役たちは、この年貢未進分を、「追々」(ほとぼりが冷めてから) 目立たないように村入用に入れてしまおうとしたのです。会計処理のやり方としてはとんでもない話ですが、村方をひとまず納得させることを「専一」(第一) としようとしたものでした。つまり、問題を先送りしただけです。これも、仁兵衛ら村役たちには悪いですが、かなりまずい対応だったように思います。

こうしたやり口は、名主・組頭ら村役一同が相談して決めたことのようですが、仁兵衛にとっては、最悪の結果を生みます。組頭たちが、この工作についてその後、一斉に「等閑《なおざり》」(知らんぷり) したのです。つまり、名主である仁兵衛が孤立してしまったわけです。そしてとうとう、仁兵衛が、この不足分を一人で肩代わりすることになってしまいました。仁兵衛としては、なんとか村全体で均等に分けてもらいたかったことでしょう。そうすれば、一人当たりの額はそれほど大《たい》したことはありません。毎年金二分《ぶ》ずつ出していけば、自分が村役をつとめていた二十年余りの間に合計で金十両余りにはなっていたはずだ、といいます。残念ながら、その願いは叶いませんでした。

名主は村のトップであり責任ある立場ですから、ある程度、ほかの村人の肩代わりをするのは仕方のないことでしょう。しかし、仁兵衛にとっては納得のいかないところもあったのだと思います。これが、仁兵衛が村役はやめた方が良いと主張する一つ目の理由です。

② 牛奥往来普請の功績（寛政十一年）

次に仁兵衛が紹介する話は、「牛奥馬道」の普請《ふしん》（修繕工事）に関することです。かねて西方村では、川沿いを走る「牛奥馬道」の修繕が問題となっていました。毎年、夏になると、洪水によってこの道は通れなくなってしまうそうです。そのため毎年決まって初秋《しょしゅう》に、村の人たちが一軒ごとに杭《くい》を二本ずつ持ち寄り、終日かけて道を修繕して通れるようにしていました。しかし再び夏が来ると「出水《でみず》」（洪水）に遭って流されてしまう。これを、繰り返していたそうです。これではまさに「村方大難渋」です。

そこで、村役である仁兵衛が考えをめぐらして、堤防を築く許可を得るように願書を作成し、陣屋役所へ提出しました。これが取り上げられて「江戸伺《えどうかがい》」となり、やがて正式に工事の許可がおりました。早速、その翌年（寛政十二年）には、工事が行われることになります。

この工事は、とても順調に進んだようです。初日は一人当たり扶持代銭《ふちだいせん》（給与）として五十文ずつ、二日目は七十文、三日目は百文ずつ渡して、三日間で「大荒《おおあれ》」となっていた川上の五十間（約九〇メートル）分についての工事が終わりました。

ここから、さらに仁兵衛は「差略《さりやく》」をもって、川下《かわしも》の百間（約一八〇メートル）分の工事も進めました。おそらく、村役であった仁兵衛は、こうした修繕費が出される機会はそう滅多にないことをよく理解していたのでしょう。これまでのように毎年、一軒ごとに杭を持ち寄って修繕するのは、あまりに不毛なことです。仁兵衛としては、この機会に何としても問題を解消したかったのでしょう。そして、文化年間（一八〇四〜一八）のうちには、この工事も完了し、とうとう川下の百間分もきちんと修繕されました。これによって、その後、杭を持ち寄って工事することもなくなり、「村中大悦《おおよろこび》」だったといいます。

仁兵衛によると、当時の西方村は一三〇軒ほどだったので、一軒につき年間百文ずっとして計算すれば、十年で金二十両分になったといいます。この分が、仁兵衛の「差略」によって、まるまる節約できたということになります。これは「安《やす》からず勤功《きんこう》」（とても大きな功績だ）と、仁兵衛は自画自賛しています。これが二つ目に挙げられている話です。

③ 年貢引方交渉パート1（文化九年）

文化九（一八一二）年六月、「大出水」（大洪水）が起き、西方・北方の両村はもちろん、近郷の知行所十六か村（同じ旗本が治めている近郷の十六か所の村のことを指します）のすべての田畑が、「大荒」になる事態が起きました。実はこの時期の洪水問題が、この地域では一つの大きな社会問題となっていました。しかも、その年はちょうど「請免《うけめん》」の切り替えの年にあたっていました。「請免」とは、稲の植え付けの前に、その年の租率（年貢の量）を決め、年貢を上納することをいい（佐藤孝之ほか編『新版 古文書用語辞典』新人物往来社、二〇一二年）、その調査のために、江戸から「御雇《おやとい》」の永沢伴四郎という役人が派遣されました。

江戸時代の年貢のとり方としては、あらかじめ決められた額を納める**定免法《じょうめんほう》**と、先ほどのようにその都度調査をして額を決める**検見法**《けみほう》がありますが、実はこの年から、旗本知行所の全体で「検見取《けみどり》」が採用されるようになりました。これを受けて、仁兵衛らは、本免（本来の年貢）を上納したうえで、「請免」を願い出たようです。

領主の側もできるだけ年貢を取り立てたいわけですから、こうした場合には、百姓側にとって不利な条件が突きつけられることもしばしばです。しかし、西方・北方両村は、「格別の大荒」であり、押堀《おしぼり》（水害による水溜まり）・石砂によって立毛《たちげ》（生育中の稲）のない分については、検分したうえで引いてもらえるようになりました。このことは、村人たちにとっても、予想外のことでした。ほかの村に比べて、これは「結構」なことであると、「村中大悦」だったといいます。

これについても、仁兵衛は、組頭の喜左衛門とともに陣屋へと赴き、さらに「立毛苅り取り見候所、存じのほか押堀深く、石砂・沼入り多分」（立毛を刈り取ってみたところ、思ったよりも押堀が深く、砂や泥が多く入ってしまっている）ことを説明し、本来は、六百四十五俵余りを上納しなければならないところを、三百五十俵ほどで済むように交渉しました。かなり大胆な要求ですが、きっと、名主である仁兵衛の交渉術が功を奏したのでしょう、この提案は受け入れられました。これは、「村方大助り《おおだすか》」であり、やはり「軽からず勤功」（大きな功績だ）と、仁兵衛は自賛しています。

④　年貢引方交渉パート2（文化十四年）

文化十四（一八一七）年、洪水などが続いたせいでしょう、年貢の負担が「あまり難渋《なんじゅう》（あまりにも苦しく）」になってきたので、仁兵衛たちはその翌年にあらためて検見をするように願い出ました。すると、江戸表から御雇吉江奥右衛門という役人がやってきて、西方・北方両村の検見が行われることになりました。早速、仮の御免定《ごめんじょう》（年貢の明細帳）を渡すため、陣屋から名主・組頭に呼び出しがかかりました。

しかし、ちょうどそのとき、仁兵衛の倅・真吉が、「大病」にかかってしまいました。やむなく仁兵衛は、組頭の権右衛門と喜左衛門に御免定の受け取りを頼んだようです。ところが、御免定の中身が、北方村の方が西方村よりも一俵負担が多かったために、組頭の二人は、これを受け取らず、帰ってきてしまいました。

そこで、仕方なく翌日、仁兵衛は「大病」の真吉をおいて陣屋へと向かい、「北方村と違う引き方では村方を取り納められません」と頼みこみ、なんとかお願いを聞き入れてもらったそうです。しかもその一年だけでなく、翌年以降も免下げにしてもらうことにも成功しました。

これもまた「末々まで格別の勤功」（将来に対しての特別な功績だ）と、仁兵衛は述べています。

⑤ 盤脚院境内雨池問題（文化十二年）

仁兵衛の話にもう少しお付き合いください。

西方村の盤脚院の境内には雨池がありました。池の水は、生活・農業用水として大切なものですが、定期的に掃除をしなくては、泥や石が堆積してしまい、使い物にならなくなります。宝暦十（一七六〇）年、陣屋から手当（補助金）が出たので、この池の「池浚《いけざらい》」が実施されたようですが、その後、数十年の間にまた小石や砂が入り込み、さらに文化九（一八一二）年の「大出水」のときの山崩《やまくえ》によって、夥《おびただ》しい量の石や砂が池のなかにたまりました。とうとう、池の半分以上が「芝地」になってしまったそうです。そのため、以前の「半減」（半分）も水を保つことができなくなりました。

さらに、文化十二（一八一五）年の春には洪水によって水門から土砂が吹き出し「大破」してしまい、もはやどうにもならなくなってしまいます。

そこで、仁兵衛は機転を利かし、ここに稲を植え付け、そこから生まれた上がり分を「池浚」の費用の足しにしたいという要望を陣屋に出します。許可を得てこれを実施した結果、仁兵衛の思い描いた通りに事が進んで「池浚」も完了し、すっかり「古代の池」（もと通りの池）になったといいます。これも「御上様《おんうえさま》ならびに村方へ軽からず勤功」（領主様や村方に対しての決して軽くない勤功だ）と、仁兵衛はいいます。

⑥ 名主藤左衛門出奔事件とその後の処理（寛政年中）

いつの頃からかわかりませんが、前述の「繰越米」の話とは打って変わり、西方村には帳簿（入用帳）に記載されていない「過米《かまい》」があったようです。具体的なことは不明ですが、浪人の休泊代など入用帳に記載せずに取り計らってきたもののようです。つまり、金銭の出入りがしっかりと管理されていなかったということでしょう。十七世紀後半の頃になると、これまで村政に無関心であった小前たちのなかにも、政治に関心を示す人びとが現れます。そのため全国各地で、村役らの不正が露呈して、大きな騒動になるケースが増えてきました。

とくに西方村の場合に問題なのが、名主藤左衛門がこの「過米」を「利倍《りばい》いたし候」（投資しようとした?）として使い込んでしまったことです。当然、これが村の人たちの反発を招き、村方騒動となりました。結局、代官に相談を持ち掛けたところ、「過米はお上へ御取り上げ」となりました。そうしたなか、名主藤左衛門が藤枝宿へと「夜逃《よにげ》」する事件が発生しました。そこで、仁兵衛が矢面《やおもて》に立たされることになったのです。

領主の側からは「百年賦《ひやくねんぷ》」（百年払い）にしても払いなさいという指示もあったようです。しかし仁兵衛は、それでは、「永々村方助成取り上げに相成る」（村のためにならない）と判断し、一年に金三両ずつ返していく方針に決めました。しかし、村の人びとはこの方針に納得しません。仁兵衛は、「藤左衛門ならびに村方の者は、末々の助成の儀には一向に構わず」（藤左衛門も、村の者もみんな将来の助けになることなど、全然、考えていない）と不満を述べています。仁兵衛からしてみると、目先のことだけを考えて、末々（将来）のことを考えない人たちに対して、強い憤りを感じたのでしょう。

この部分は、遺書のなかでも虫損《ちゆうそん》（虫食い）が多く、経緯を正確に追いにくいのですが、この後、村方騒動が再燃してしまい「殊《こと》に手前病気に付き、当年金拾両差出し内熟す」（とくに私自身が病気であったこともあり、当年の金十両を差し出して、内済《ないさい》〈和解〉しました）ということがわかります。とりあえず仁兵衛が、この分を補填したようにも読めます。

やはりこれについても、仁兵衛は、「安からず勤功にこれ有り候と存じ候」（大きな功績だと思います）と述べています。

⑦ 年貢増徴に対する横領の疑い（文化年中）

①〜⑥のように、村役をつとめてきた仁兵衛ですが、年貢の取り立てをめぐって、「種々疑わしき悪評申し立つ」（いろいろと嫌疑・悪評をかけられた）ようです。仁兵衛は、これを「不審がましき儀に存じ候」といっています。そして遺書のなかで、「決して押領不筋の取り計らいこれ無く候間、右の取立帳ならびに御免定を差出し披露申すべし。左候《さそうら》えば、明白に相分かり申し候。もっとも安永年中より取立帳もこれ有り候間、入用の節は心置きなく相改め申すべく候」（私は、絶対に横領や筋の通らない取り計らいなどしていないので、この取立帳と御免定を差し出して披露しなさい。そうすれば、はっきりとわかることだ。もっとも、安永年間〈一七七二〜八一〉から取立帳を残しているので、入用のときは心置きなく改めてもらいなさい）と述べています。しっかり帳簿を残してあるから安心しなさい、ということでしょう。

仁兵衛は、自分の死後、きっと村方の者たちが自分の子孫に対してクレームをつけに来ると思っていたのでしょう。それだけ、村役をつとめている間、村人たちから厳しく追及されていたことがわかります。

働くことの厳しさ

さて、以上がこの遺書の内容ですが、仁兵衛には、右に見てきたこと以外にもたくさんの不満がありました。遺書のなかで次のように述べています。

右、新規《しんき》の本免取、または天領の御仕法《ごしほう》色取・検見、そのほか永荒《えいあれ》の御改めなど、種々、御雇役人をもって御手入れこれ有り、大難儀いたし、殊に百七拾年来納《おさ》まり居《お》り候田中領〔　〕（破損）方入会山論六七ヶ年相懸り、前代にこれ無き心配を致し、その上、村口益付候事ども、数多《あまた》これ有り候処、剰《あまつさ》え不筋押領者に申し立て（られカ）候間〔　〕（破損）心外に候間、以来この帳面ならびに取立帳をもって、村役の義は〔　〕（破損）末々までも相勤め申すまじく候、後年心得のため荒々□□申し候、

仁兵衛が、名主をつとめている間には、本当にいろいろなことがありました。とくに、一七〇年間沈静していた田中藩領との**入会山論**《いりあいさんろん》の再燃は、彼にとって、かなりの心労であった

でしょう（傍線部）。

江戸時代には、村同士の共同利用地とされている山が数多くあり（これを**入会慣行**《いりあいかんこう》といいます）、その用益権や境界をめぐって争論（**山論**）が、全国で頻繁に起こりました。周囲に山野の多かった西方村もその例外ではありません。仁兵衛によれば、六〜七年も、この対応に明け暮れていたといいます。なお、このことは、上藪田町内会所蔵の文書「文化二年六月西方村・北方村と上藪田・下藪田・五十海《いかるみ》村との秣場《まぐさば》争論につき内済証文」（『藤枝市史』資料編3　近世一、五二七〜五二九頁）などからも確認できます。この文書にも「石川直吉知行所　駿州志太郡西方村　庄屋　仁兵衛」の名前がはっきりと記されています。

しかし、こうした苦労にもかかわらず、世間からは、「不筋押領者《ふすじおうりようもの》」の汚名を着せられてしまいました。こうした状況に対する仁兵衛の怒りは、並大抵のものではなかったのでしょう。そうしたストレスの集積が、「村役の義は……末々までも相勤め申すまじく候、後年心得のため荒々……」、すなわち、子孫に対して「村役をつとめるな!!」という遺書になったことがわかります。ここには、仁兵衛の村役時代の辛い経験が込められていたのです。

さて、仁兵衛の身に降りかかった数々の災難は、村社会の構造的な矛盾に起因している部分が大きかったと思われます。先ほども少し触れたように、寛政期から文政期（十八世紀後半から十九世紀前半）にかけて、東海地方の村々は、不作等の理由から慢性的な窮乏状態に陥っていたと考えられます。とくに、十八世紀末の西方村近辺では、仁兵衛の遺書にも見られたように、水害や旱魃《かんばつ》が大きな社会問題になっており、きわめて深刻な状況にありました。

さらに、明和五（一七六八）年からの八年間は、全国的に大規模な旱魃の被害がありましたが、仁兵衛の住む西方村ではとくにひどく、明和九（一七七二）年二月には、当時の名主藤七郎らを中心に領主に対して夫食《ふじき》の拝借（食糧支援）を願い出ています（『藤枝市史』資料編3 近世一、二〇〇四年、八二〇頁）。この文書には、「村方困窮」「殊に去年の儀は御年貢厳しく取立《とりたて》候上」、「恐れながら 御為にも宜しからず候」などと書き連ねられており、常套《じょう》句《とうく》ではありますが、当時の逼迫《ひっぱく》した様子が伝わってきます。

こうした旱魃の被害は、仁兵衛が名主をつとめていた時期にも起こりました。「文化十四（一八一七）年十月にも干害が発生し、領主に訴えたことが功を奏し、破免《はめん》（凶作の際、特例によって検見を認められること）を取り付けたので、三割以上の年貢減免となり請書を出している」（『藤枝市史』通史編下巻、四一一頁）ことが史料からも確認できます。この請書は、名主・組頭・百姓代の名で出されていますが、実質的にその手腕を発揮したのは、名主の鈴木仁兵衛であったでしょう。

もう少し、周囲の社会の状況を俯瞰《ふかん》してみましょう。この時期、隣接する他藩では、百姓たちによる活発な動きが見られていました。文化十三（一八一六）年八月にこの地を襲った台風は、遠江・駿河両国に甚大な凶作をもたらしましたが、これによって、年貢の納入が困難となった掛川藩・横須賀藩・中泉陣屋・浜松藩などの村々では、百姓一揆が発生しました。「蓑着《みのぎ》騒動」と呼ばれるこの一揆では、首謀者の増田五郎右衛門《ますだごろうえもん》が後に**義民**《ぎみん》として顕彰されることになります（『藤枝市史』通史編下巻、二〇一一年、四〇四頁）。こうした近世後期に見られた百姓の新しい動きと、鈴木仁兵衛の生涯とは、決して分けて考えることはできません。民衆たちが躍動する地域社会のなか、彼もまた、人知れずその職責を全うしていたと考えてあげるべきでしょう。

それにしても、鈴木仁兵衛は、本当に〝不満〟だけでこの遺書を書いたのでしょうか。この点については、少し疑問もあります。つまり、この遺書をよく読んでいくと、何だかそれだけではないようにも感じてきます。遺書の一文一文を丁寧に読むと、むしろ、村役として、仁兵衛が担ってきた「勤功」が、まるで武勇伝のように書き連ねられていることに気がつかれるでしょう。つまり、見方を変えれば、この遺書は、当時の村役たちの仕事がどういうものであったのかを教えてくれる良い教科書のようにも思えてきます。また、仁兵衛には悪いですが、単なる自慢話のようにも読めてしまいます。〝俺は、こんなにすごいことをやってきたんだぞ〟という、誇らしい気持ちも見え隠れします。

おそらく仁兵衛は、この遺書を、〝あんなこともあった〟〝こんなこともあった〟と、時に感傷にふけりつつ、情熱をもって書き進めていったことでしょう。

たしかに、村役は大変な仕事です。実際、仁兵衛の前に名主となった藤左衛門は、「夜逃」してしまっています。藤左衛門には、責められるべき非があったのでしょうが、その後を引き継いだ仁兵衛の心労は、並大抵のものではなかったと思います。

そうしたなか、仁兵衛は苦しみながらも、村役を二十六年間もやり遂げました。そこにはむしろ、清々しさと同時に、自分の功績を子孫に伝えたいという、実に人間らしい感情が見て取れるように私には思えてなりません。

しかしながら仁兵衛が、人生の終末に書く「遺書」のタイトルを「村役をつとめるな」とした事実は無視できません。名主の仕事を一生懸命につとめればつとめるほど、〝世間〟からは疎まれる。このことが、仁兵衛にとってはたまらなく耐え難いものだったのでしょう。

と、同時に、領主からは過大な責務を負わされました。上と下との板挟みになり、過剰な労務負担に追われた当時の名主たちの苦しみが、この遺書から感じられます。そうした不条理な状況の中で出した結論が、「村役相勤めまじき遺書」という形になって表れたのでしょう。

おそらく仁兵衛は、村役時代に味わった孤独感や苦しみを、あえて遺書にしてぶつけてみたのでしょう。誰も自分の仕事を評価してくれないストレスを目一杯表現したのだと思います。このように考えると、ここで書かれている内容は仁兵衛の人生そのものだったような気がしてなりません。

その後、仁兵衛からこの書を手渡された「倅　東七郎」も、やはり「名主」をつとめていたようです。その意味では、仁兵衛の遺言は、無視されたことになるのかもしれません。父親と同じく、名主の激務のなかにあったであろう東七郎が、仁兵衛の残したこの遺書を見て何を思ったのか。もう少し深く考察したい気持ちにかられますが、本書ではここまでにしておきましょう。

第二話 「金銀よりほかの宝これなく候」

廻船問屋・相木芳仲

人生における成功とは何をもっていうのでしょうか? 当然、その答えは様々でしょう。富、名声、自己実現……。もちろん、人生はそれ自体かけがえのない尊いものですので、優劣はつけられません。そんなことは、誰だってわかっています。とはいえ、裕福かどうか、老後を暮らすための貯金があるかないかが、〝幸福〟であることの一つの尺度とされていることもまた事実です。いくら、きれいごとを重ねたとしても、この社会を生きるうえでお金が必要なことは間違いありません。もし、手元に全くお金がなかったとしたら、その恐怖は計り知れません。

もちろん江戸時代の商人たちも、お金の大切さについては十分に認識していました。彼らにとって、お金を稼ぐこととはどんな意味を持ったのでしょうか。

ここでは、遺書のなかに「金銀よりほかの宝これなく候」（お金よりほかに宝物はない！）と書いた、人物について見ていくことにしましょう。

現金な主張の真意とは

この節で取り上げる、小曽原《おぞわら》村（現在の福井県越前町）出身の廻船問屋・相木《あいのき》芳仲（誓道）は、元禄十四（一七〇一）年の正月、次のような遺言を子孫の相木嘉左衛門に向けて書いていています。次の文章は、そのごく一部分です（意訳は後述します）。いろいろと書かれていますが、とりあえず傍線を引いた箇所に注目していただきたいと思います。

（前略）ただし、誓道、一情（生）一代、朝暮情言尽くし尽くし、金銀求め、家行《かぎょう》油断なく勤め、家屋敷建立し、子ども方へ渡すべく覚悟仕《つかまつ》り候処《そうろうところ》、近所近辺より無心申し掛り、貸方の殿様方御勝手奉行衆より利思わず御懸り、是非なく御用銀指し上げ、ただいま、子ども方へ譲り言、渡すべき銀もこれなく後悔仕り候。三人の子ども心入れ一同相談いたし近所貸方申すに及ばず、殿様方へ御用に立て申す銀、知恵才覚有らば、我と我が身引きさけ願い奉り候わば調《ととの》え済むべく候。世の中は金銀足に候、金銀より外の宝これ無く候。取集一銭も費やし申せず、家行こまかに売商（商売）仕まつるべく候。人びと心入《こころいり》次第、諸事冥加《みょうが》叶い、立身有る事に候。人間は正路《せいろ》その身の一情出し候えば、岩かんしき（岩石）も大木もいご（動）き申す事、いわぬや（いわんや）身物金銀情次第に有るべく候。心を〆《し》め、慥《たしか》に聞き届け、物事《ものごと》油断なく、右（の）段々毎日拝見仕まつるべきものなり。

（『福井県史』資料編5 中・近世三、一九八五年、五三九頁）

相木芳仲は、その晩年、傍線部の「世の中は金銀足に候、金銀より外の宝これ無く候」（世の中は金でなりたっている、金のほかに宝などない！）という心境に到達していたことがわかります。

この部分だけを見れば、ただ事ではありません。ちょっと人格を疑ってしまいそうです。

彼が豪商として活躍したことは、地元では知られているようですし、この言葉はいただけません。

と、言葉尻を捉えて非難するのは、失礼でしょう。どうしてもこの言葉のインパクトが先行してしまいますが、これはあくまで遺言状です。晩年の相木芳仲が、こうした心境に至るまでには、一体、どのような経緯があったのでしょうか。そしてこの言葉の真意は、どういうものだったのでしょうか。これからじっくり考えていきたいと思います。

商人たちの苦悩――江戸の流通

まず、相木芳仲という人物について簡単に紹介します。芳仲は、**廻船問屋**《かいせんどいや》（船荷の取次業者）として財をなした有力な商人でした。誤解を恐れずにいえば、現代ならベンチャー企業の社長といったところでしょうか（ニュアンスはだいぶ違いますが――）。彼は元々、旧家の出身でした。元禄時代のバブル経済のなかで、ビジネスチャンスを察知し、一代で大きな財産を築いた人物といってよいでしょう。この時期は、戦国乱世から百年が経とうとする時期であり、〝泰平の世〟が定着するなか、交通網が急速に発展し、宿場町や港町が大いに賑わいました。旧家のなかには没落していく家もありましたが、一方で成功した商人もいたよ

■小曽原村の位置

うです。相木芳仲もその典型的な一人です。『福井県史』（通史編4 近世二、一九九六年）は、相木家について、次のように解説しています（同書、二七七〜二七八頁）。冒頭の「反子《そりこ》」というのは、この地の漁師たちのことを指す言葉だそうです。

城ケ谷反子は、新保浦の森五右衛門と津田清太夫の両人の支配を受けていたが、承応二年（一六五三）十二月、零落した五右衛門の屋敷と漁舟五艘（うち三艘反子舟）を買い取った同郡小曽原村相木宗兵衛が浦方に進出してきた。相木本家は福井藩の御用商人であり大野藩西方領（織田郷）の年貢米の請米〔年貢の受け取り〕と廻漕〔船での輸送〕にも当たっている豪商でもあった。一方、清太夫も、延宝八年（一六八〇）に譜代漁師であった反子を宗兵衛に売り払った。五右衛門の三艘、清太夫の五艘、計八艘の反子舟の支配が宗兵衛の手に移り、城ケ谷反子集落のすべて「地面不残、人家・掟等も其侭ニ引渡シ永代売」となった。反子集落は「荒浜之地面・諸役免許」とされており、彼等の中から三人の「役人」（締方）を申し付け反子支配の手伝いとしてきた。また、本浦の冥加〔営業税〕のため、舟一艘につき「水役銀」年一〇匁を親方に納めさせ、親方より庄屋へ上納していた。

元禄元年、宗兵衛は反子の集落のある城ケ谷に広大な居屋敷を構え、いくつもの蔵や納屋を建てここに隠居した。宗兵衛の死後、次男惣兵衛が城ケ谷相木家を継いだ。宝永二年（一七〇五）より、新保浦の本宅を継いだ長男加左衛門と生計を二分し、城ケ谷反子は惣兵衛一人の支配となった。

※〔　〕の注釈は、筆者による。

右の解説から、相木家の経営がおおよそわかります。すなわち、この章の主人公である相木宗兵衛（芳仲）は、承応二（一六五三）年に新保浦に進出し、廻船業を始めます。宗兵衛は、城ケ谷の漁師たちの支配も担っていました。

ここで地図を確認してみましょう。相木宗兵衛の出身地である小曽原村は、湾岸からは少し離れた場所にありました。現在も、小曽原には「相木家住宅」という国指定重要文化財に登録されている立派な家があります。これは、文化六（一八〇九）年頃に建てられた「入母屋造茅葺平入の建物」であるとされていますから（「福井の文化財」ホームページ）、芳仲の時代よりは百年以上後になりますが、彼と無関係ではないでしょう。

ちなみに相木家は元々、朝倉氏の一族でありましたが、天文の頃（一五三二〜五五）に信州へと移り、武田氏に仕えたようです。その後、武田氏が滅亡したことによって先祖の地である越前に住み着いたといいます。江戸時代は代々庄屋をつとめ、苗字帯刀を許された旧家です（「福井の文化財」ホームページ）。

なお、小曽原村は、「小曽原焼」という焼き物で栄えた町として有名です（福井県陶芸館・越前陶芸村などで紹介されています）。江戸時代の人びとの生涯に注目する場合、当然、その人にゆかりの深い土地について知ることは大切なことです。彼の出身地である、丹生郡小曽原村（現在の福井県越前町）について、『角川日本地名大辞典18 福井県』（一九八九年、二八三〜二八四頁）を参考に見ていくことにしましょう。

まず、小曽原村の由来は、「大柞原」「くぬぎ・なら類の生い茂った高原との意」であり（旧名は「小僧原」）、古くから「陶土が豊富で古代須恵器の生産地として、多くの須恵器窯が集中していた（小曽原古窯跡群）」といいます。江戸時代の支配としては、最初、福井藩領でしたが、寛永元（一六二四）年に勝山藩領となり、正保元（一六四四）年に幕府領（ただし、貞享三〈一六八六〉年までは福井藩預り）、元禄十（一六九七）年に紀伊高森藩領となるなど支配が転々とします。しかし、宝永二（一七〇五）年に幕府領となって以降は、そのまま幕府領として続いていきました。芳仲が活躍していた時期は、幕府領（福井藩預り）でした。

小曽原村の村高は、七七五石余り（正保郷帳では、田方六〇九石、畑方一六五石余り）であり、畠作よりも稲作の割合がかなり多いことから、山間ではありますが、平地が多いことが知られます。また、元禄十六（一七〇三）年の記録から、家数は九三軒、人数は四六四であり、大工・木挽・桶屋・室屋・鍛冶屋などがあったことも確認できます。そして、江戸時代のはじめまでに七つの溜池が築造されていることも注目される点でしょう。ただし、特産である焼物の生産自体は、江戸時代にはそれほど振るわなかったようです。このあたりに、宗兵衛が小曽原村から拠点を移した理由が見えてくるようにも思います。

一方で、若狭湾に面する「新保浦」は、福井藩領であり、漁業がとても盛んで、古くから海論（山の境界争いの「山論」に対して、海の境界争いのこと）が絶えなかった地域です。『角川日本地名大辞典』には、「廻漕業に従事する者もあり、相木惣兵衛は万治元年銀二貫五

○○匁を資本に織田地方の年貢米を扱う商人となり、海運業に進出している。のち同家を継いだ嘉左衛門は「はかせ船」と呼ばれる五〇〇石積船で廻船業を続けたが、江戸中期には上方系の弁才船に乗り替えている。」〈同書、六五四頁〉と記されています。

江戸時代には海外との交易は制限されていましたが、国内市場における流通はとても活発でした。東海道や中山道をはじめとする**五街道**も整備されたことはよく知られています。全国各地に宿場町や港町ができ、大いに賑わいを見せました。とくに十七世紀、四代将軍の徳川家綱の治世の後半（大老・酒井忠清の時代）に、**河村瑞賢**《かわむらずいけん》の尽力によって、**西廻り海運**・**東廻り海運**が開かれ、日本海と太平洋を結ぶ海路が整備されました。それに伴い、各地に流通拠点としての港町が栄えます。

先ほども少し触れましたが、この遺言が書かれた元禄時代は、いわゆる〝バブルの時代〟です。〝犬公方《いぬくぼう》〟として有名な五代将軍の**徳川綱吉**による治世が展開します。京都や大坂といった**上方**を中心に**元禄文化**が栄え、**松尾芭蕉**や**菱川師宣**など、今日でもよく知られているユニークな文化人が登場しました。こうした文化人の存在自体が、社会全体の経済的・文化的な成長によって支えられていたことに注目すべきでしょう。たとえば、松尾芭蕉は、全国各地を旅してまわり『奥の細道』を書きましたが、それが実現した背景には、芭蕉を受け入れる地域の側の繁栄がありました。北陸地方における相木芳仲の活動も、そうした時代の一つの典型であったともいえます。

日本海に面した越前岬にもほど近い小曽原村にも、なんとなくこうした元禄時代の雰囲気が漂っていたことでしょう。先述したように、相木芳仲は、こうした時代の流れを敏感に察知し、廻船問屋として大きな財を築き上げていきます。

また、先ほどの『福井県史』の説明にもあるように、相木宗兵衛は、少なくとも承応二（一六五三）年まで小曽原村に拠点を置きつつ活動し、その後は、「新保浦」というところの家屋と漁船二艘、城ケ谷反子舟三艘を、永代銀二十貫で購入し、本格的にこのビジネスに乗り出し、成功しました（このことは、遺書のなかにも記されています）。彼の一生は、ここだけをとってみれば、才知と行動力にあふれた、充実した人生だったように思われます。

しかし、遺言状を読んでいくと、必ずしもそうとはいえないようです。少なくとも、宗兵衛自身の認識としては、その生涯は、それほど順風満帆というわけではありませんでした。彼の遺言状の冒頭には、次のように記されています。

氏神地蔵菩薩

小僧原村

誕生辰二月廿九日

相木宗兵衛

普賢菩薩《ふげんぼさつ》御専（守）り、誓道、過去より未来へ通じ、一休一生一代渡世家行一粒一銭、無理無僻事、楽を欲し苦痛せしめ、金銀米銭を取り立つ。然るところ、元禄十三辰年七月より同十一月まで大きなる煩《わずら》い出で、十死に一生の難儀苦痛を仕まつり候処、仏菩薩御願をもって延命ありがたし。これより金銀米銭の帳面一々吟味致し、手形証文を妻子三人方へ相渡し、本望の至り浅からず喜悦せしめありがたく候。以後、子孫繁昌増々願い奉り候。これより代々の子孫たしかに聞き届け、一入《ひとしお》情に入れ、油断なく勤め相守り、違背仕まつりまじく候。もし相背くにおいては、親先祖の御罰を蒙り苦痛仕るべく候。子孫代々の掟奥書、よって件《くだん》の如し。

一行目の「氏神地蔵菩薩」、それから五行目の「普賢菩薩」というのは、相木宗兵衛が信仰の対象としていたものでしょう。「一休一生一代渡世家行一粒一銭、無理無僻事」という文章の意味は理解しにくいのですが、「一粒一銭」をとにかく大切に家業に励んできたこと、

「楽を欲し苦痛せしめ」ながら、金銀米銭の取り立てを行ってきたことなどが読み取れます。ここでは「苦痛」という言葉の具体的な内容は書かれていませんが、遺書全体を読んでいくとなんとなく見えてきます。

では、本題に入りましょう。宗兵衛は、元禄十三（一七〇〇）年の七月から十一月に至るまで「大きなる煩い」（大病を患うこと）があったようです。これは、「十死に一生の難儀苦痛」でしたが、仏菩薩の加護によって、なんとか延命することができました（宗兵衛自身は、病気から快復できた理由を仏菩薩のおかげだと理解しているようです）。この経験を契機として、自らの死期が近づいてきたことを悟った彼は、いわゆる〝終活〟を始めていくことになります。

まず宗兵衛は、これまで使ってきた帳簿（金銀米銭の帳面）を一つ一つ吟味して整理したうえで、手形証文を作成し、妻子の三人へ渡します。そして、この作業を無事にやり終えました。これは「本望の至り」であり、とても喜ばしいことだと、宗兵衛は言っています。

これで、ようやく肩の荷がおりたのでしょう。これ以降、ますます一族が繁栄していくことを祈願し、子孫に対しては、これまでにもまして一層油断なく家業につとめることを促します。ここでは、傍線部の「もし相背くにおいては、親先祖の御罰を蒙り苦痛仕るべく候」

（もしもこれに反する行為をしたならば、親先祖の御罰を受け、苦しむものだと覚悟しろ！）という強い言葉が注目されます。紙に書かれた文字にしか手掛かりのない私たちと違い、これを手渡された子孫は、相手の顔が具体的にイメージできたでしょうから、より畏れ多く感じたことでしょう。この言葉からは宗兵衛の威厳が感じられます。

しかし一方で、先ほども述べたように、宗兵衛には深い後悔の念もあったようです。遺書のなかに、そのことがわかる箇所があります。それが本章の冒頭で掲げた部分です。意訳してみましょう。

〔意訳〕

誓道（宗兵衛）は、一生一代、朝・暮ともに親切を尽くしてきました。金銀を求め家業についても油断なくつとめてきました。家屋敷を建立して、子どもたちへと渡すように準備もしてきました。しかし、近所近辺からお金の「無心」があり、貸し方である殿様方の御勝手奉行衆からも思いもよらず「利」（利子、税金）を懸けられることにもなりました。どうしようもなく、御用銀を指し上げたために、今、子どもたちへ渡すべき銀（お金）がなくなってしまい、後悔しています。三人の子どもたちも、心を入れて一同で相談して、近所の貸方についてはいうまでもなく、殿様方への御用立てた銀についても、知恵と才覚をもって全力でお願いしたならば、取り返すことができるかもしれません。世の中は、金銀で成り立っています。金銀よりほかの宝はありません。取り集め、一銭も無駄にすることなく家業はこまかに商売するようにしてください。人びとの心入れ次第で、もろもろの冥加（神仏の加護）は叶い、立身することができます。人間は、正しい方法で、その身の一情を出せば、岩石も大木も動くものです。まして、金銀などは情次第です。心を引きしめてしっかりと物事を聞き入れ、油断することなく、右に記したことを毎日読みなさい。

たしかに、相木宗兵衛は、いわゆる**豪商**（領主の御用を承る大商人のこと）ではありましたが、それでも、一商人に過ぎません。経済的に恵まれていても、「士農工商」の秩序のなかでは相応の「苦痛」があったはずです。大名や武士、あるいはほかの有力商人や御《お》得《とく》意《い》先《さき》に対して、常に頭をさげていなくてはなりません。日常的な面でも、その渡世のなかにはいろいろな苦労があったことでしょう。とくに近隣の人びとに、気前よく金銀を貸してしまったために、自分の子どもたちに財産を残せなかったことが、「無念」だった、と彼は述べています。

実は、この遺言状の内容の大半は、滞《とどこお》っている金銀の内訳について記されています。そのなかには、「今世は皆盗人に候」(今の世はみな盗人だ！)といった、強めの文言も見えます。おそらくこれは、宗兵衛の本音だったのでしょう。

人は、自分の力ではどうにもならない物事に直面すると、神仏にすがりたくなるものです。遺言の冒頭に「氏神地蔵菩薩」の名を掲げたのは、先に見た病気のせいだけではなかったようにも思います。そこには、彼の人生そのものに対する思いが込められているような気がします。

なにが本当に信じられるのか？

さて、廻船問屋として一代で名を馳せた相木宗兵衛芳仲(誓道)にとって、人生とは「苦痛」そのものであったのでしょうか。あるいは別の意味があったのでしょうか。

前節で見てきたように、芳仲は、子どもたちに財産を残せなかったことについて大きな「後悔」をしています。しかし、それだけではありません。先ほどの文言の背後には、もっと、彼の本音が隠れているように思えてなりません。

そもそも、この遺言状を書いている芳仲の心が、もしも本当に「後悔」の念だけであったならば、ここまで見てきたような文章にはならなかったのではないでしょうか。少なくとも、「もし相背くにおいては、親先祖の御罰を蒙り苦痛仕るべく候」（もしも私の言うことを守らなかったら、先祖の罰を受けて苦しむものだと覚悟しろ！）などという強い言葉は出てこないでしょう。そこには、自分の子どもたちの将来に対する期待が見え隠れしているように、私には思えてなりません。

先述したように宗兵衛は、「今世《こんぜ》は皆盗人に候間、質物蔵入慥かなる事候は、取りかえ（し）申すべく候。必々《ひつひつ》一銭にてもただ貸し仕まつりまじきものなり」とも述べています。「今の世はみな盗人だ！」「タダ貸しは絶対にするな！」という言葉は、彼の生涯を考えたとき、とても重い響きをもちます。というのも宗兵衛は、大名や藩士、あるいは豪商たちと取引を重ねてきた、やり手の商人です。取引相手は、いわば当時のトップエリートたちであり、政治行政を実際に担っている権力をもつ人たちです。本来ならば、彼らは尊敬すべき人たちなのでしょうが、宗兵衛にとっては必ずしもそうではなかったようです。

殿様方に貸したお金のなかには、返してもらえなかったものもかなりあるようです。理不尽な行為もあったのでしょう。もちろん、多少オブラートに包んでいますが、この遺書のなかにもそうしたことが赤裸々に語られています。「みな盗人だ」の「みな」のなかには、この「殿様」たちが含まれていたでしょう。そのことは、元禄十二（一六九九）年二月に書かれた別の史料（「相木芳仲意見状覚」）のなかで、「または御専用の節、指し上げ置き候金銀御返済も下されず候につき、私渡世送り申すべきようも御座無く候えば、御堀へ身をなげ、一命を捨て申すよりほか御座無く候」と述べていることからも明らかです（『福井県史』前掲、五三六頁）。彼が、本当に追い詰められていたことがわかります。

いずれにせよ、宗兵衛の文章のなかには、子どもたちに対する宗兵衛の強い愛情があふれているようにも思います。愛情があるからこそ、注意を喚起しているのでしょう。先に意訳した通り、宗兵衛は、「人びとの心入れ次第で、もろもろの冥加は叶い、立身することができます。人間は、正しい方法で、その身の一情を出せば、岩石も大木も動くものです。まして、金銀などは情次第です」と述べています。金銀などは、「情次第」といっているのですから、「情」という言葉が、この遺書のキーワードになっていることがわかります。

宗兵衛こと相木芳仲よりも少し遅れて登場し、庶民哲学の創始者といわれる**石田梅岩**《いしだばいがん》（一六八五〜一七四四）は、平民（とくに町人）の倫理的規範を示す**石門心学**《せきもんしんがく》を開きました。商人の経済活動の正当性を主張した彼の考えは、町人たちの間に広く浸透していくことになります。たしかに、相木芳仲の名は梅岩ほど知られていませんし、体系化された思想を展開したとも言い難いでしょう。しかし、ある意味では、この相木芳仲もまた独自の商業的な倫理観、人生哲学をもっていたといえます。

「情」の大切さは、彼が自分の人生のなかから導き出した一つの哲学にほかなりません。そう考えると、先ほど紹介した遺書の冒頭部分に「以後、子孫繁昌増々願い奉り候。これより代々の子孫たしかに聞き届け、一入情に入れ、油断なく勤め相守り、違背仕まつりまじく候」という意味をもう一度考え直すべきかもしれません。

そもそも「情」とは、他者への思いやりを指す言葉ですから、宗兵衛が本当に大切にしていたものはお金ではなく、「情」であったことがわかります。

宗兵衛はこの遺書の最後で、次のように記しています（意訳を載せます）。

たとえ代々の親が亡くなってしまっても、兄弟仲間で協力し合い、かたよりがないよう念入りに吟味しながら家業を行っていけば、永遠に繁盛していくでしょう。

江戸の社会と経済の流れを敏感に察知し、持ち前の行動力で財をなした相木宗兵衛――その彼が、遺言の末尾に、兄弟力を合わせて慎重に吟味しながら商売を進めていくことが成功のカギだと言っている点は、少し注意する必要があるでしょう。

兄弟で協力して商売に臨むべきだということが、この遺書のなかで一貫して宗兵衛が強調していることです。晩年の宗兵衛は、自分の子孫が事業をさらに発展させていくためには、兄弟の団結が絶対に欠かせないことに気づいていたのでしょう。孤独との戦いのなかで、仕事を続けてきた彼の気持ちの一片がここから読み取れるような気がします。

しかし、それにしても、宗兵衛のように事業に成功した人でも、その人生の最期まで「後悔」が残るものなのでしょうか。私には、どうもそうは思えません。

むしろ人生の終末に記す遺書のなかですら、自らの行動を反省し、問題点を冷静に見つめようとする彼の態度、まさにそれこそが彼の人生そのものだったのではないでしょうか。宗兵衛は、自分自身を客観的に分析する能力に長《た》けていたのでしょう。そこに事業を着実に拡大させていった秘訣があるのだと思います。

兎《と》にも角《かく》にも、宗兵衛が晩年に感じていたものが、人生についての「後悔」ではなく、自らの子孫の繁栄（事業のさらなる発展）への強い期待であったことを、私は信じたいと思います。

第三話　「末世までのためを存じ候て自殺いたし候」

浪人・村上道慶

人生が長いか短いか、それは人それぞれです。与えられた寿命も違えば、時間の感じ方もまた違います。

ただ、人生は自分だけで生きていくのではありません。人間は、高度に社会的な動物ですので、社会や世間のなかでその一生を送ります。時には大きな情勢の変化に巡り合うこともあります。平成から令和へ、二十世紀から二十一世紀へ、戦前から戦後へというように、日本史は多くの〝転換〟を経てきました。もちろん、その転換も、目に見えてはっきりわかるものや、水面下で進行していくものなど様々でしょうし、人それぞれで捉え方も違います。

日本近世史で考えると、関ヶ原の合戦から江戸幕府の成立、大坂の陣に至る約十五年間は、明らかに時代のターニングポイントでした。こうした大きな出来事によって生活が急変した人もいたでしょう。しかし多くの場合、人びとの日常は、長い時間をかけて少しずつ変化していくものです。様々な転換期のなかで、人びとがどんな数奇な運命をたどり、そしてどんなことを考えてきたのか興味が尽きません。

江戸時代前半の社会の様子について、現在、ほとんどの日本史の教科書が、**牢人**《ろうにん》**（浪人）**の動きに注目しています。**かぶき者**と呼ばれる人たちの存在が強調され、「平和の到来により、戦場での活躍の場を失った牢人たちは、社会に対する不満を募らせていた。都市では、異様な服装で徒党を組み、反社会的な行動に走る者があとをたたなかった。」（『日本史B 新訂版』実教出版、二〇一八年、一七二頁）などといわれています。彼らの存在は、とくに三代将軍家光から四代将軍家綱に代わる時期の社会問題として取り上げられます。

ここでは、解釈によってはそうした牢人の一人に数えられるかもしれないある人物に注目し、当時の社会情勢を考えていきたいと思います。

なぜ武士は命を絶ったのか

この章で紹介するのは、村上道慶《むらかみどうけい》という人物の遺言状です。彼は、知る人ぞ知る〝郷土の偉人〟のようです。陸前高田市では、今でも彼は有名です。彼が亡くなった十月二十日（旧暦）に当たる日には、「道慶忌」という行事が執り行われています。

正保元（一六四四）年十月、道慶は理由《わけ》あって自ら命を絶つのですが、そのときに残した遺書が、次のようなものだったといわれています。

遺書

某《それがし》先祖は、因幡国《いなばのくに》より浪人いたし、嘉吉三歳（年）四月、奥州へ罷《まか》り下り、葛西家の御家士《かし》にまかりなり、「因幡隼人」と名乗り申し候。その子孫因幡宮内、天正年中、葛西家没落の節、気仙郡へ浪人いたし、本苗村上氏に改め申し候て、今泉村に住居いたし候。我等の代に高田村へ移居《いきょ》申し候。このたび、両村の川漁争論相止め申せざるにつき、末世までのためを存じ候て自殺いたし候。もっとも覚書、別に相調《ととの》え置き候間、両村の衆相守るべく候。以上。

正保元歳十月十八日

高田村大石　村上織部道慶

八十六歳

道浄　花押

（『陸前高田市史』第十二巻　資料編（Ⅱ）、二〇〇二年）

〔意訳〕

遺書

私の先祖は、元々の出身は、因幡国（現在の鳥取県東部）でしたが、その後、浪人となり、嘉吉三年四月、奥州（東北地方）へと移り住み、葛西家の御家来となり、「因幡隼人」と名乗りました。その子孫である「因幡宮内」は、天正年中に葛西家が没落した際、気仙郡（岩手県）へと浪人し、本苗を「村上氏」に改めまして、今泉村に住居するようになりました。それが、私の代になって高田村へ移り住みました。このたび、両村（今泉村と高田村）の間で起きた川漁争論を止めることができず、末世までのためを思いまして自殺いたします。もっとも、覚書を別に用意しましたので、両村の衆はこれを守ってください。以上です。

正保元年十月十八日

高田村大石　村上織部道慶

八十六歳

道浄　花押

この文章には、概ね次のような事情が書かれています。『陸前高田市史』の解説を参考にしたうえで見ていきましょう。まず村上道慶の先祖は、元々、因幡国（現在の鳥取県東部）の出身でしたが、戦国乱世のなかで浪人となり、各地を放浪していました。嘉吉三（一四四三）年四月には、奥州へと下って葛西家の家臣となり、「因幡隼人」と称します。天正年間（一五七三〜九二）に葛西家が没落した後は、再び浪人となって「村上氏」に改め、今泉村、高田村と転々としてきたといいます。そして、元和元（一六一五）年には、高田村大石中西屋敷に移住しました。

天正年間といえば、ちょうど道慶が十五歳のころに当たります。これは当人のことをいっていますので、とりあえず史料として信用してよいかと思います。もちろん、本人の話でも脚色される場合はありますが、他人のことを語られるよりは説得力があります。村上道慶は、江戸時代に入ると、高田村に寺子屋《てらこや》「西光庵」を開き、子弟の教育に専念していたと伝わっています（『陸前高田市史』前掲、一頁）。

しかし、道慶の晩年、今泉村と高田村の間で〝川漁争論〟が起こります。これに苦慮した道慶は、おそらく相当悩んだのでしょう。結果、自らの命をなげうって、この争いを諫《いさ》めるという決断をします。それが、この遺書に記されている主な内容です。

元々、武士であった彼（とその一族）が、なぜ、村で暮らすことになり、さらに百姓たちのために命をなげうつことになったのでしょうか。本章ではこの謎に、少しだけせまってみたいと思います。

村の中へ――戦国期から近世社会へ

まずは、村上道慶が自ら命を絶つ決意をした正保元（一六四四）年という時代を考えることから始めましょう。正保元年といえば、時の将軍は三代徳川家光です。国内では**寛永の飢饉**（一六四一～四二）や、キリシタンの天草四郎時貞をリーダーとした**島原の乱**（一六三七～三八）が勃発し、他方、中国大陸での**明の滅亡**（一六四四）という、まさに〝内憂外患〟の時代でした。戦国乱世が終焉し、〝天下泰平〟の世が訪れたとはいえ、全国の農村は、飢饉によって、かなり疲弊していました。戦国時代、戦場に向かっていたエネルギーは、農村や都市の開発に注がれました。それに伴って人口も増え、森林の伐採も進みましたので、飢饉や災害が起こるリスクも高まっていました。

さらに徳川幕府は、武断政治と呼ばれる大名に対する厳しい統制を行ったために、改易《かいえき》（領地の没収）や減封《げんぽう》（領地の削減）となる大名も多く、主君を失った牢人（浪人）と呼ばれる人びとが、都市部に跋扈《ばっこ》するようになりました。彼らにとって、再チャレンジの場であったはずの戦場は、〝徳川の平和〟のもとに消えてしまいました。平和の陰に充満するこうした鬱憤が、社会全体に広く滞留していたのが、この時代の特徴といえるでしょう。

ところで、**殉死**《じゅんし》という言葉をご存知でしょうか。主君の死後、仕えていた者たちが、主君の後を追って自死することを指す言葉です。これは、武士の美徳としてもてはやされ、実際に行われることもありました。とくに、慶安三（一六五〇）年、三代将軍の**徳川家光**が死去したときに、側近の堀田正盛や阿部重次らが殉死したことで知られています。将軍だけではなく、各大名家でも同様のことが見られました。

殉死は、大きな社会問題となりました。幕府はこれを禁止しますが、世間の風潮としては、殉死した者を尊び、反対に、殉死せずにいた者を蔑む傾向もありました。体面を気にする武士にとっては、それは決して軽い話ではありません。

■江戸時代の殉死者

主　君（生没年）	藩　名	殉死者数
島津義久（1533〜1611）	薩　摩	15
鍋島直茂（1538〜1618）	佐　賀	12
島津義弘（1535〜1619）	薩　摩	13
徳川秀忠（1579〜1632）	**将　軍**	**1**
伊達政宗（1567〜1636）	仙　台	15
松浦隆信（1602〜1637）	平　戸	6
島津家久（1576〜1638）	薩　摩	9
細川忠利（1586〜1641）	熊　本	19
松平忠昌（1597〜1645）	福　井	7
細川忠興（1563〜1645）	八　代	5
毛利秀就（1595〜1651）	長　州	7
徳川家光（1604〜1651）	**将　軍**	**5**
鍋島勝茂（1580〜1657）	佐　賀	26
前田利常（1593〜1658）	加　賀	6

※現時点で判明している江戸時代の殉死者
山本博文『殉死の構造』（講談社学術文庫）より。ただし、とくに殉死者数の多い大名のみ記した。

また、この時期には、兵学者**由**《ゆ》**井**《い》**正雪**《しょうせつ》（一六〇五〜五一）らによる幕府転覆未遂事件（**慶安事件・由井正雪の乱**）も起こりました。この事件の背景には、泰平の世のなかで職を失われた浪人たちの不満があったと考えられます。浪人（牢人）とは、主家を離れて封禄《ほうろく》を失った武士たちのことであり、とくに江戸時代の初期に大量に生まれました。幕府が、武断政治を強行し、大名の改易や減封が相次いだからです。幕府は、由井正雪の乱を受けて、四代将軍家綱の代には、こうした方針を緩和していきます。

ひるがえって、村上道慶について考えてみましょう。道慶の自決事件が起きたのも、まさに、右のような時代でした。彼もまた浪人（牢人）に出自をもつ人物でしたが、慶安事件に連座していった人びととは、また違った人生を送っています。彼は、武士としての矜持《きようじ》をもったまま、東北の村の生活へと溶け込み、そして自ら村のために命をなげうつことになりました。

私自身まだその正確な数値を把握できていませんが、道慶のように、村へ入っていった牢人たちの数は多かったと見てよいでしょう。もちろん彼らは、内心では武士の出自であることを誇りにしながらも、農民としての暮らしに同化していくわけです。江戸での武士としての生活を夢見ながら、昔の栄光を胸に農作業に励む人びとの姿は、哀愁を誘います。

武士の由緒をもつ旧家は、村のなかで別格の立場にあることが多かったため、小前の者たちを蔑《ないがし》ろにするケースが、むしろ普通であったでしょう。ですから、道慶のように自らの命を犠牲にしてまで村人のために生きた人間は、きっと珍しいでしょう。そこには一体、どのような事情があったのでしょうか。遺書に書かれている内容を少し整理していくことにしましょう。

■今泉・高田両村の位置

まず問題となったのは、今泉村と高田村の鮭鱒《けいそん》漁師仲間四十六人の間でのトラブルです。この内訳は、すでに寛永十六（一六三九）年の頃に定められており、今泉村側が十六人、高田村側が三十人だったそうです。ちなみに漁物（捕った魚）は、人数割にすると決まっていました。しかしながら、時の経過につれて様々な変化が生まれてきます。川の流れも変わってきます。こうしたなかで、漁師たちのトラブルが次第に激化していったようです。やがて実力行使に出る者も現れました。

そこで、高田村から、「高田村が二日ずつ、今泉村が一日ずつと、日を決めて漁をするようにしたい」という要望が出ました。しかし、今泉村側はこの提案には納得しません。この川は古くから「今泉川」と呼ばれているものであり、今泉村のものだという認識があったのでしょう。両村の間に入った道慶は、次のように主張します。

我等申し候は、古来は今泉出生日前、片瀬片川の義は、先年高田村の内、右の川流れ候所、只今は今泉の内に相流れ候えば、往古より片瀬片川と相済み居り、今更、新川に罷《まか》り成り候とて、かようの口論罷り出で候えば宜しからず候、御上様《おんうえさま》へ申し上げ候わば、定めて召し上げ川に罷り成り、何方《いずかた》の物成るとも望《のぞみ》の次第の金高《きんだか》に相渡され候。左候《さそうら》わば高田・今泉も犇《ひし》と迷惑仕《つかまつ》るべく候間、双方の申し分、相控え申すべく候。

右のような趣旨によって、道慶は〝日替わりに漁をすれば良い〟という提案をしました。これは、両方の村に縁があった道慶なりの折衷案だったのでしょう。しかしながら、両村は一歩も引きません。彼らも生活がかかっていますので、当然といえば当然です。

ちなみに、こうした争論は、江戸時代には決して珍しいことではありません。全国どこの村でもあったことです。とくに江戸時代の初頭、十七世紀の前半には、各地で犠牲者もたくさん出ています。自力救済が中心であった中世社会とは違いますが、人びとの生活はそれほど急激に変わるわけではありません。

なお、この事件の顛末を先に見ていきましょう。村上道慶の「自殺」事件を重く見た藩は、この争論の仲裁に入ります。『陸前高田市史』の解説によれば、「村上道慶死後四年の慶安元（一六四八）年、仙台藩は今泉高田川鮭漁にかかわる事態を重視し、川肝入今泉村の半兵衛と同高田村の隼人宛てに厳重な十七カ条の仕置を申渡している。先の道慶の仲裁案では、今泉と高田の漁師が日替り（一日交代）で出漁することを諭しているが、この書状ではこれと異なり、両村漁師十五人宛出て引網にて鮭漁をするように申渡していることが注目される。」（『陸前高田市史』七頁）ということです。結果として、道慶の死去が事態の鎮静化に一役買ったことは間違いありませんが、藩の最終的な見解は道慶の考えとは違ったようです。

それにしても、なぜ、道慶はこのような大胆な行動に出たのでしょうか。次節で考えてみたいと思います。

社会を動かす力とは

前節で見てきたように、村上道慶が「自殺」を決意した理由ははっきりしています。彼の言葉に従えば、「このたび、両村の川漁争論相止め申せずにつき、末世までのためを存じ候て自殺いたし候」と述べています。自分と縁の深い高田村と今泉村との間で起きた争論をやめさせられなかったことに対して、「末世までのためを存じ候て」（将来のことを考えて）、「自殺」する、と彼はいいます。この「末世までのため」というのは、一体どういうことでしょう。先祖のため、自家のため、あるいは両村のため――そして自らの名誉のため――、ここには、様々な感情が込められていたでしょう。いずれにせよ道慶は、この争いを止められなければ、「御上様《おんうえさま》より何のため瀬主に相立居り候や御不審これ有る所」であり、「世上笑草に罷り成る」（世間の笑い種《ぐさ》になってしまう）ことを怖れていました。ここにあるように、道慶は、領主より「瀬主」を任されていたようですが、その責任感が彼を追い込んでいたことがわかります。

しかし、もう一つ注目すべきところは、道慶が「自殺」を決心した直接的な理由としては、後で見るように「その身瀬に立ち申すべきとの神勅《しんちょく》」があったことです。この神勅によって、彼は、「その品は我等このたび、首かき切り、首はそのまま、身体は簀《す》に包み、神崎川原の須崎へ流し候様に仕るべく候。首は今泉方へ片付き流れ寄せ申すべく候。尤《もっと》も首は川の内へ溜まり身体は立神脇へ流れ寄せ申すべく候。その時片瀬片川に極まり申すべく候と存ぜらるべく候」（そのときは、私は首を斬り、首はそのままにして、胴体は簀に包んで、神崎川原の須崎へと流すようにしてください。首は、今泉村へと流れ寄るでしょう。もっとも、首は川のなかへとどまり、体は立神の脇へ流れ寄るでしょう。そのときは、「片瀬片川」ということに決まったと思ってください）という結論に至ります。何だか、占い染みたことをいっています。

当然これに対しては、彼自身も述べているように、「何をおかしなことを言っている。もし言っている通りにならなかったら、それこそ笑い種となってしまうのではないか」という批判も想定されます。しかし、道慶は次のように記しています。

（そうした批判について）我等申候は、何《いず》れも尤もに候（中略）我等の事は兼ねて氷神三社権現様へ大願仕り印《しるし》これ有り、近年打ち続く大漁これ有り候につき有りがたく存じ奉り候所に、この度の大乱、定めて訴えに罷り成り候わば、両村の氏子廃《すた》り申すべく候間、その段、能々《よくよく》心得その身瀬に立ち申すべきとの神勅これ有り候間、有りがたく思い罷り有り候、我等の義、当八拾六歳に罷り成り候間、神勅にまかせ、首かき落とし申し候、神崎川原の須崎へ流れ申さるべし、少しも相違これ有るまじく候、然《さ》りながら川の内に首留り申す所、道慶根と申すべく候、簀に巻き候身体は川より海へ流れ候間、寄せ候所は簀の脇と申すべく候、兼ねて氷之神と川の鎮守諏訪八幡宮誓願仕り印これ有る

べく候間、自今以後は、両村日替わりに漁取り申さるべく候、身を捨てこの度、かくの如く御座候、

右の文章からも明らかなように、氷神三社権現の「神勅」は、道慶にとって、とても重いものでした。「神勅にまかせ、首かき落とし申し候」とまで言っているわけですから、氷神三社権現への信仰は、生活に密着したものだったのでしょう。それは、この神のおかげで、近年は両村とも「大漁」が続いているのだという認識（傍線部）をもっていたことからもわかります。

ここで道慶が、裁判沙汰になってしまったら、「両村の氏子すたり申すべく」（両村の「氏子」が廃れてしまう）といっている点は、ちょっと注目しておくべきところでしょう。道慶は、土地の鎮守に対する強い信仰心をもっていました。それが、結果として「兼ねて氷之神と川の鎮守諏訪八幡宮誓願仕り印これ有るべく候間、自今以後は、両村日替わりに漁取り申さるべく候、身を捨てこの度、かくの如く御座候」という形に終着していきます。「〜の間」というのは、〝〜ので・だから〟と理由を示すので、「誓願をしてその効果があったのだから神仏を信用し、これからは両村日替わりで……」という意味になります。すべての決着を神

仏にゆだねているところが注目されます。

　ちなみに、本章で見てきた村上道慶の行動は、戦前の修身の教材としても活用されていま す。岩手県教育会盛岡市部会が編纂した『郷土資料：修身科補充教材』（一九三五年）には、「公益、仁愛、至誠」の人として、村上道慶が紹介されています（一〇一〜一〇四頁）。道慶が、郷土の偉人として、戦前から今日まで地元の人たちによって顕彰されてきた様子が伝わってきます。

　その反面、村上道慶の存在はなかば伝説化していますから、正直なところどこまでが史実であるか定かではありません。それを裏付ける作業——これを〝史料批判〟といいます——も、歴史学として重要な作業になりますし、もちろん、それが一番大切なことです。しかし、ここではあくまで『陸前高田市史』に掲載された道慶の遺書をもとに、その意味を解釈してきました。

　そのうえで、果たして道慶の生涯をどのように考えるべきでしょうか。あくまで私見ですが、村上道慶の生涯は〝戦乱の世〟から〝泰平の世〟への転換、あるいは違う言い方をすれば、中世から近世への歴史的転換のなかでの、一つの犠牲として捉えるべきだと思います。

中近世移行期などと呼ばれるこの時代には、農村部においても大きな社会の変化がありました。そのなかでは、成長（自立）していく村同士の間でいさかいや対立、さらに同じ村の内部でも様々な事件が起きました。この川漁争論も、そうした時代の一コマに過ぎません。

道慶は遺書のなかで、「末世までのためを存じ候」と述べています。「末世」とは、そもそも、明日や明後日のことではなく、ずっと後の世のこと（後世）を指す言葉です。ここで、彼が、かなり後の時代のことを念頭においていた点は重要でしょう。彼の行動は、八十六歳という年齢のこともあり、自分にできることを模索した結果であったのでしょうが（「我等の義、当八拾六歳に罷り成り候間、神勅にまかせ、首かき落とし申し候」）、「神勅にまかせ」という言葉には重いものを感じます。道慶は、自分の亡き後のことを次のように記しています。

一我等死後の弔《とむらい》の義は、今泉・高田の子供仕るべく候、もしなり兼ね候わば、川組にて弔に預けるべく候、左候《さそうら》わば両村の御厚志これ有ると海川の漁取り恵美子と罷り成るべく候。
一我等義先祖より会下宗にて光照寺龍番和尚より血脈申し請け、法体仕まつり、通岸道慶庵主に罷り成り居る候間、光照寺へほうむり預けるべく候、右法名命日、正保元年甲申十月廿日と相記し申すべく候。

ここには、いろいろなメッセージが込められているように感じます。まず、なぜ道慶は自分の死後の弔いを今泉・高田両村の「子ども」にさせようとしたのでしょうか。この理由としては、二つ考えられます。一つは、両村の大人たちが信頼できなかったから。もう一つは、子どもたちこそが、この争論を決着させる切り札だと考えていたからでしょう。道慶は、高田村で**寺子屋**を開いていたという話が伝わっていますから、後者の方がより大きかったかと思います。

そして、自分の遺体の埋葬については、先祖代々のしきたりに合わせて、「会下宗《えげそう》」（修行僧）として、光照寺の龍番和尚によって葬ってもらうように書いています。わざわざ和尚の名前や自分の戒名と命日まで記したのは、どんな意図があってのことだったのでしょう。道慶の墓所は、現在も光照寺にあります。

しかし、彼の行為は、先ほども少し述べたように、時代の趨勢《すうせい》には逆行しています。世の中は、自力《じりき》による紛争解決（**自力救済**）から公《おおやけ》の**訴訟**にゆだねる時代へと転換していきました。

そして殉死のような行為も、幕府によって明確に禁止されていきます。さらに、彼が大切にした「神勅」も、それ以前の中世社会に比べて影響力を失い始めていました。こうした諸々の点から、この遺言は、時代に取り残されていく年老いた道慶の哀れな姿を映し出しているようにも思います。実際、彼の主張が両村にそのまま受け入れられることも残念ながらありませんでした。

ただ一方で、村上道慶は、今も〝偉人〟として語り継がれているという事実も忘れてはなりません。それは、後の時代の人びとにとって、彼の存在がいかに重要なものであったかを物語っています。また、道慶はあくまで村のために生きましたが、武士としての矜持を持ち続けていたようにも思われます。戦国の遺風が、老境に入った彼の心のなかになおも残っていたのでしょう。

とくに、彼が遺書のなかで述べていた「御上様より何のため瀬主に相立居り候や御不審これ有る」という言葉が、私には引っかかります。この文言からうかがえる領主への忠誠心は、この遺書のなかでとても重く響きます。それは、武士の心得とはもしかすると異なったものなのかもしれませんが、近世の村のなかで生きた人間のものとも、一線を画しているように思えてなりません。

　ただ、村上道慶の生涯は、まだまだ謎に包まれています。少ない素材から思案するのは、無理があるかもしれません。しかし、少なくとも現在まで伝わっている彼の遺言には、江戸の村社会を生き抜いた、戦国生まれの古老の気概が見て取れるように思います。

第二部　子孫のためにできること

第四話「永く勘当と相心得申すべく候」

商人・武井次郎三郎

子どもはかわいくても、その成長は親の思い通りにはいかないもの。我が子かわいさゆえに、逆に、憎しみをもつことだってあるでしょう。ただ、いろいろあっても一周まわって、〝やっぱり、かわいい〟と感じるのが世の常なのかもしれません。

しかしながら、いつの時代も、世間の目はそんなに生易しくありません。社会人として生きていく以上、子どもを無条件で甘やかすわけにはいきません。そんなことが許される社会なんて、残念ながらどこにも存在しないのです。世間との軋轢《あつれき》のなかで、どうしても自分の子どもに厳しくあたらなくてはならないこともあるでしょう。それは、古今東西変わりませんし、子をもつ親が、誰しも経験せざるを得ないことなのかもしれません。

さて、江戸時代の年長者によって記された遺言に共通して見られることとして、子孫に対する熱い思いがあります。自分が死んだ後、子孫が平穏に暮らし、自家が永続していくことを願う様子が、多くの文章からうかがえます。ただ、そこにも人それぞれの事情があったようです。具体的に見ていくことにしましょう。

放蕩息子を見限る

本章で紹介する美濃国武儀《むぎ》郡長瀬村（現在の岐阜県美濃市長瀬）の武井次郎三郎《たけいじろうさぶろう》の遺言状からも、そうした事情が痛いほど伝わってきます。まずは、彼の「遺書」の冒頭部分を見てみましょう。

遺書取り極め置き候事

一其方《そのほう》の儀、生質億病にして無欲、第一の渡世向きに疎く、左候《さそうら》えば実躰《じってい》を守り、当家相応の業作にて罷り在り候わば、後々も家督を引き渡し、安堵の隠居も仕《つかまつ》るべきの所、元服已来《いらい》、年々ともに不相応の金子元敷《きんすもとしき》も費やし、取り束《つか》い候わば余ほどの大金にも相成るべし。右様の心得より、金銀初め何品の貸し借りは甚《はなは》だ不締りにて、現に生櫛市左衛門方にて内々に大金を借り受け、右の金の使い先も相分からざるほどの不始末、そのほか不業躰《ふぎようてい》より本家初め一同よろしからざるの事ども度々これ有り。甚々の儀にて馴れども、どうも了簡《りようけん》直させ候にも相成るまじきやと、本家初め我等親類よりも数ヶ度の利解(理解)に及び候えども、聊《いささ》か改心の場に至らず、年重に随い、却って不業躰にして、聊かも渡世向きの心得もでき申さず、生分是非なき儀と歎息《たんそく》に候。然るに我等儀、当卯六拾歳に相成り、殊に多病にもこれ有り、余命も斗《はか》り難し。第一の心労相続方にて右申し置き候通り、渡世向き疎く候とも、せめては実躰を守りくれ候わば、拾ヶ年前にも引き渡し致す儀にて、よもやよもやと日を送り来り候えども、前顕《ぜんけん》の為躰《ていたらく》、此上は余儀なきわけ柄をもって、相続の儀は、孫稲三郎へ家督致させ候はず決心取り極め、別紙譲り状ともに相渡し置き候間、左様《さよう》に相心得申すべく候、(後略)

(『岐阜県史』史料編 近世8、一九七二年、三三〇頁)

〔意訳〕

遺書として取り決め置く事

一、お前は、臆病な性格で欲もなく、第一、世渡りがあまり上手でない。それでも、節度を守り、当家にふさわしい仕事をしていたならば、ゆくゆくは、お前に家督を引き渡して、私は、安堵の隠居でもしていたはずだ。しかし、お前は元服してからというもの、毎年のように、自分の身の程に合わないお金を使い込み、挙句の果てにかなりの借金までつくってしまった。金銀をはじめとした貸し借りには、とくにだらしがなく、実際に、生櫛市左衛門のところから、内々に大金を借り受けてしまい、このお金の使い先も把握していないという不始末。それだけではなく、本家をはじめとした皆様に対して、よくない行いが何度もあった。毎度のことなので、さすがに馴れてしまったけれど、それでもなんとかわかってもらえないかと、本家をはじめ親類からも、何度も説得した。けれども、全く心を改めてくれない。それどころか、歳を重ねるごとに、かえって素行不良になった。全く仕事の心得などもできていない。生まれつきのことだからどうしようもないとは思うけれど、がっかりしてしまった。私もすでに今年で六十歳になる。病気も多く、もう余命も定かではない。そんな私の一番の悩みは、相続のことだ。さっき言ったように、たとえ世渡りが下手であったとしても、せめて真面目にけじめを守ってくれてさえいれば、十年前には家督を引き渡すこともできたはずだ。その後も、もしかしたら真面目になってくれるんじゃないかと期待して日々を過ごしてきた。しかし、もう、このような体たらくでは、どうしようもない。そこで、家督は、孫の稲三郎へ引き渡すように、決心した。別紙として譲状《ゆずりじょう》を用意したので、そのように心得なさい。

この遺書は、いきなり、おそらく息子であろう彦次郎という人物に対する不満の言葉から書き始められます。次郎三郎によると、彦次郎は、生まれつき「臆病」であり、「無欲」であって、渡世向きには疎い人物（商いには不向きな人間）だったといいます。右の意訳から大体の事情は察することができるでしょうが、果たして、次郎三郎が、彦次郎に家督を譲らないという「決心」に至るまでの間に、彼のなかで、どのような葛藤があったのでしょうか。この遺書を読み解きながら考えてみることにしましょう。

次郎三郎の親心

「遺書取り極め置き候事」と題したこの「遺書」は、書き手である次郎三郎の厳しさにあふれています。この書の宛先である彦次郎に対して、本当に厳しい言葉が重ねられているように見受けられます。これを受け取ったであろう、彦次郎がどのような気持ちになったのかはわかりませんが、まずは、次郎三郎のいっている内容を整理していきましょう。

そもそも、家督を譲られなかった彦次郎の今後についてですが、彦次郎の家督相続は、「上様」（領主）の公認も得ていたようです。それにもかかわらず、先に述べたような事情（彦次郎の不業体）から、彦次郎に家督を譲るわけにはいかなくなりました。次郎三郎は、彦次郎に対して、次の二つのどちらかの道を選ぶように迫っています。

一つは、隠居《いんきょ》するという道であり、もう一つは分家してあらたに一軒を建てる道です。いずれにせよ、「本家の許可を得て好きな方を選びなさい」と、次郎三郎はいっています。「本家」とは、次郎三郎の本家（すなわち、武井助右衛門家）を指しているのでしょう。武井助右衛門は、武儀郡長瀬村の出身の有名な**美濃紙商**であり、美濃国を代表する豪商として知られた人です。武井助右衛門家文書という膨大な古文書群が残されています（この遺書もそのなかに含まれています）。「次郎三郎」という名前からも推察できるように、彼自身も助右衛門の分家であったと考えてよいでしょう。

さて、次郎三郎の遺言に戻ります。文章は、「我等死後」（自分の死後）の話へと及んでいきます。すなわち、次郎三郎が亡くなった後、彦次郎には、「実躰を守り本家初め人びとの目鑑にも相成り呉《く》れ候様」（真面目になって本家をはじめとした皆さんの御眼鏡《めがね》にかなうようになってほしい）としています。そして、「当家相応にもって村用にても相勤め、人びとの世話などいたし候様相出《いで》候わば満足にて、常躰《つねてい》の仲ように、正《まさ》に嬉しく覚え候間、際立ちて風儀を取り直し候様呉々《くれぐれ》も頼み置き候」（当家にふさわしいように、村の御用もしっかりと勤め、人びとの世話などをしてくれれば、普通の付き合いもできて本当に嬉しく思う。だから、生活態度を改めるように、くれぐれも頼んだぞ！）とも述べています。これは、まさに、次郎三郎の率直な気持ちであったでしょう。そのために、次郎三郎は彦次郎に対して、かなり具体的にいくつかの取り決めを書き記します。それが、以下の①〜㉑（意訳）です。

①稲三郎が幼年の間の家政について

次郎三郎は、稲三郎がまだ幼いので、当面、御用向《ごようむき》のことについては「本家引請」に任せるように指示しています。また、日々（日常）のことについては、「お栄」（お手伝いさん？・）に申し合わせて世話をし、稲三郎を、「都合よき相続人に御仕立候様」（相続人としてふさわしい人に仕立てるように）頼んでいます。

②稲三郎が幼年の間の店方について

次郎三郎は、番頭のような立場にあったと見られる儀兵衛に対して、稲三郎が一人前になるまで店の経営を引き受けるよう指示しています。また、儀兵衛が留守のときは、利八がつとめるように申し置いています。ちなみに、儀兵衛については、「永々の儀楽しみこれ無くては宜しからず候間」（長年のことなので、楽しみがなければよろしくないので）、年間の店勘定から「割合」（ボーナス）を出すように取り計らっています。もちろん、これも「本家へ伝えておく」としています。儀兵衛と利八という人物がどのような人だったかはここからはわかりませんが、少なくとも、彦次郎よりは信頼のおける人物であったのでしょう。

③彦次郎の居所について

三つ目に次郎三郎が指示しているのは、彦次郎の住む場所についてです。つまり、「其方当家に同居、相互によろしからず」（お前が当家に同居していると、お互いによくない）というわけです。次郎三郎は、寝所として小さい隠宅をつくるか、あるいは、東店を取り繕って住所とするかどちらかだと述べています。この時点では、対応は決まっていないようですが、とにかく、トラブルメーカーである彦次郎が同居していることだけは避けたかったのでしょう。

④彦次郎の飲食について

しかしながら、飲食については、当分の間、「当家」（「本家」ではなく、次郎三郎の家のことを指す）で賄うべきだといいます。すなわち、飯米・塩噌・あぶら・炭・薪木といった生活必需品は、支給してもらえることになっていました。さらにほかにも、普段の衣類も同様に取り計らってもらえるようです。衣食が保証されるのですから、彦次郎にとってこれに越したことはありません。

⑤彦次郎の小遣いについて

彦次郎は、「小使」（小遣い）として月に金一両が渡される算段になっていました。さらに、

「別段の衣類、所々の参詣分」として金五両も渡されたようです。つまり彦次郎は、年間で金十七両のお小遣いをもらえたことになります。ただし、「実躰を守り候においては、別して入用これなき儀に候間、情情積金に相成候様仕るべく候」（ちゃんと貯金しなさいよ）と、次郎三郎は注意を促しています。

⑥彦次郎の結婚について

次に彦次郎の結婚についても、次郎三郎は忠告しています。すなわち、妻をもらったとしても、「何れも其方の業躰より離縁に相成り、この上相応の族《やから》よりもらい請け、又候《またぞろ》離縁などに相成りては、実に恥じ入る義に候間、然るべき妾《めかけ》にても抱え世話させ候様と申し置き候」といっています。もし彦次郎が妻をもらったとしても、離縁となってしまったら世間に対して恥ずかしいことだと次郎三郎はいいます。よって、相応の妾をとらせる手はずになっていたようです。ちなみに、この「妾給金」についても、当家から出してもらえるそうです。

⑦遺産の分け方について

すでにお気づきかと思いますが、①から⑥の金額をすべて合わせると相当な金額になります。この「分け目」(分け方)については、彦次郎に決定権はなく、次郎三郎が、先に取り決めておくといいます。つくづく、彦次郎が、次郎三郎に信頼されていなかったことがわかります。

⑧儀兵衛・お栄と仲睦まじくすること

もし万が一、彦次郎が当家を相続していれば、「儀兵衛」や「お栄」は、新宅でそれ相応の生活をしていたでしょうが、先にも述べたように、仕方がなく稲三郎が一人前になるまで二人に当家の切り盛りを任せることになりました。このことをよくよく理解して、仲良く暮らすようにと念を押します。ただ、妾に来る者の人柄がよくなく、関係が壊れてしまうことも世間にはよくあります。このような場合は、妾をすみやかに引きかえなさい、と述べています。

次郎三郎の取り決めは、このほかにもあります。⑨あらゆる道具類はお栄が管理すること、⑩当家の名前で貸し借りをしてはならないこと、⑪御法度はいうまでもなく悪い行いは絶対に慎むこと、⑫村方に関することは些細なことでもゆくゆく家にかかわるので特に注意して間違いを犯さないようにすること、⑬上様の仰せ出を他人に洩らしてはならないこと、⑭幼年より格別に世話になってきた「おてい」と「お栄」に孝行すること、⑮「お柳」のお世話をすること、⑯本家に敬意を払いつつ何事も指図を請けて粗略にしないこと、⑰次郎三郎の死後忌明けには直々に本家より指図があること、⑱質素倹約につとめて決して好きなことに浪費しないこと、⑲信心をもって日々の勤めを怠らないようにすること、⑳火の元に日々注意すること、㉑先祖の恩を忘れないようにすることなど、実に細かな事項にわたっています。

さて、読者の皆さんは、この次郎三郎の「取極《とりきめ》」を見て、どのように考えるでしょうか。〝いい歳をした男に、これはやりすぎではないか〟と思う人もいるでしょう。たしかに、彦次郎は、甘やかされすぎなのかもしれません。しかしやはり、これは遺書を書く段になっての話です。次郎三郎としては、彦次郎の将来が心配で仕方がなかったのでしょう。

ここで私たちは、次郎三郎が「本家」に対して、すごく気をつかっていることに注目する必要があります。それは、この遺書の随所に表れています。たとえば、㉑の項目には、次のように記されています。

本家七代目大父々様、格別の御苦労をもって御譲り承り、日増《ひまし》に繁昌、新家《しんや》には不相応、全く我等の功分にてはこれ無し。御譲りの余光申し上げがたき次第に候間、十月十七日の御正当は申すに及ばす、日々ともに報恩心得亡却（忘却）仕るまじ。そのほか御先祖御方々の御命日同様に相心得申すべく候、

ここには、本家七代目武井助右衛門をリスペクトする、次郎三郎の素直な気持ちが見て取れると思います。次郎三郎は、自分の商売の成功は、先代の功績があってのことだと信じていたのでしょう。「本家」に対する次郎三郎のさまざまな配慮は、そうした先祖の恩に感謝する気持ちの表れだったのだと思います。

こうした**本家と分家**（「新家」）の関係は、別に武井家だけに限った話ではありません。まさに、江戸時代のあらゆる商家が直面した問題でしょう。

仮に次郎三郎が創業者であり、「本家」の当主であったならば、彦次郎に家督を譲ることも強引にできたかもしれません。ですが次郎三郎は、「本家」や親族たちの目を気にしなければならない立場にありました。

おそらく、彦次郎にはそのことがよく理解できていなかったのでしょう。次郎三郎には、

そこが許せなかったようです。世間の目が、次郎三郎を雁字搦《がんじがら》めにしていたとも考えられます。次節では、遺書の最後の部分をみていくことにより、次郎三郎の気持ちの内側に、さらに迫っていきたいと思います。

厳しさのなかに滲む愛情

さて、いよいよこの「遺書」のクライマックスです。この史料の最後のただし書きに注目しましょう。次郎三郎は次のように述べています。

①其方の儀、出生直《ただ》ちに眼病相煩《わずら》い、終《つい》に一眼と相成り、実母に後《おく》れ稀《まれ》なる重き疱瘡《ほうそう》一《ひと》形《かた》ならぬ心労、その上、右に申し置き候通り、元服以来の業躰、三拾歳余りに相成り、何等の勘弁もなく、六拾歳に相成り候ても、相続の見当もこれ無き様の仕向き、申し様もこれ無し。右にも申し置き候身上の大小によらず、相続人の都合と存じ候。②本家初め覚兵衛・平蔵そのほか村方限らず楽隠居《らくいんきょ》の人びと見聞きについても、実に歎息《たんそく》仕り候。右は、其方ばかりの罪科にてもこれ無し。我等前世の因縁と存じ候。なれども、③其方より若き物（者）ども、相応にも渡世いたし候族《やから》のおもわく甚々恥じ入る義に候間、

④生前の儀は、是非なく候えども、死去際にて風儀取り直し、改心実躰に守り、人並の渡世方行き届かず候とも、せめては相応の業作にて相くらし、一同の目鑑《めがね》に相叶い候様に改心くれ候様、くれぐれも頼み置き候、

但《ただ》し、本家伯母お友どの（殿）には永々の内、御養育に預かり、一形ならぬ高恩に候間、御命日生涯忘却仕りまじく候、

⑤右様に申し置き候儀も、つまり其方の為筋に候間、夫共《それとも》にも相用いず、死後猶更不業躰においては、仏前へ拝礼にも及はず、永く勘当と相心得申すべく候。

私には、右の文章のなかに、次郎三郎の強いメッセージが隠されているように思えてなりません。早速、この文章を丁寧に読み解いていくことにしましょう。

まず彦次郎は、生まれてすぐに眼病を患い、とうとう片目が見えなくなってしまったといいます（傍線部①）。さらにそのうえ、珍しい疱瘡にも悩まされ、幼い頃の「心労」は、ひとかたならなかったようです。その後は前述のように、三十歳になってもなかなか身持ちがしっかりせず、みんな「歎息《たんそく》」したといいます。次郎三郎の「心労」は、半端ではなかったでしょう。とくに、周りの同世代の人びとが「楽隠居《らくいんきょ》」していくのを見ていると、「実に歎

息仕り候」（本当に残念でしょうがない…傍線部②）という気持ちもよくわかります。

しかし、次郎三郎によれば、これは彦次郎だけの罪ではないといいます。自分の前世の「因縁」だと言い切っています。ただ、ここでは次郎三郎の本音も垣間見えます。すなわち、「彦次郎よりも若い人でもそれ相応に渡世していくのを見ていると、恥ずかしくて仕方がない」（傍線部③）、と。やはり、この文章のなかに、次郎三郎の複雑な葛藤が見え隠れしていることがわかります。次郎三郎は、常に〝世間〟の目を気にしていました。

だから、「自分が生きているうちは仕方がなかったけれども、死去の際には、なんとか風儀（行儀作法）を取り直して心を改め、人並みの渡世は送れなくてもせめて相応に暮らし、一同の御眼鏡にかなうようにしてほしい」（傍線部④）、これが次郎三郎の最期の願いでありました。

さらに、次郎三郎は彦次郎に対して、本家の伯母である「お友どの」には、永いこと養育していただき、一方《ひとかた》ならぬ高恩があるので、その命日を生涯忘れてはならないぞ、とも忠告しています。先ほども強調したように、分家であった次郎三郎は、「本家」の顔色をうかがわなくてはならなかったのでしょう。この文章からも、そうした事情がうかがえます。

そして、次郎三郎は、さらに続けて次のようにも言います（傍線部⑤。以下、意訳）。

このようなことをいうのも、つまるところ、その方のためなのだから、もし、私の死後も一層「不業体」に暮らすようなことがあったとすれば、もう仏前へ拝礼もするな。永遠に「勘当」だと心得なさい。

このように文章を読み進めていくと、次郎三郎の彦次郎に対する気持ちがよく伝わってきます。次郎三郎とて自分の人生の「死去際」にこのような書き置きを残したくはなかったはずです。しかしながら、どうしても彦次郎のことが心配だったのだと思います。次郎三郎から彦次郎に向けて書かれたこの文章には、実は親子の愛情があふれています。どうにかして、自分の子に立派になってもらいたい。いや、それは無理だとしてもせめて平穏で幸せな老後を送ってほしい。そんなやりきれない思いを抱いて、次郎三郎は、この遺書を残したのでしょう。「つまるところ、その方のためなのだから」という言葉は、次郎三郎の素直な気持ちであったのだと思います。

さて、次郎三郎の言葉を見て、皆さんはどう考えるでしょうか。私の感覚では、どうも次郎三郎が、あまりに世間の目を気にしすぎているのではないかと感じてしまいます。もちろんこれは、彦次郎の素行があまりにも悪く、他人に迷惑をかけ続けてきたことに対する負い目があってのことでした。しかし、むしろそうした世間の目が、彦次郎を追い込んでいたような気がしてなりません。この遺書の末尾は、次のように締めくくられています。

先《まず》第一に、当家変らぬ相続、次に其方行々の為筋《ためすじ》と申し置き候儀にて、呉々も当家相続につき、彼是引き支えに相成りては、大父々様へも申し訳なし。次に一同の難渋と相成り候間、心得違いこれなき様、仕るべく候。右、取り極めの内にも業躰の善悪により取りはからいに相成るべく候間、格別と際立ちて、改心実躰にして家内和合、変らぬ、相続第一の義にて、数々の儀にて中々申し尽くしがたく、余は勘弁取りはからい候様、念のため申し置き候、以上。

慶応三卯五月

武井次郎三郎（花押）

武井彦次郎殿え

一行目に見られる、「一番大切なのは、当家の相続。お前のことは、その次だ」という言葉はとても印象的です。そして傍線部の「言いたいことは数々あって、なかなか言いつくせない」というのも、まさに次郎三郎の本音であったのでしょう。

さらに最後の一言。「余は勘弁取りはからい候様、念のため申し置き候」には、一体、どのような意味が込められていたのでしょうか。「勘弁」という言葉の意味をどのように捉えればよいのか、迷うところです。「考えなければならないことで一杯だ」という意味でしょうか。あるいは、反対に「私は全部許しているよ」という意味だったのでしょうか――。いずれにしても、この「勘弁」という言葉には、次郎三郎の彦次郎に対する熱い思いが込められているような気がしてなりません。

彦次郎のその後については、残念ながらこの史料からはわかりません。武井助右衛門家の膨大な文書群を見ていけば、もっと詳しく次郎三郎や彦次郎について知ることができるのかもしれません。そうした分析は、歴史学研究としては重要です。むしろ、ここがその出発点といえるのでしょう。しかし、私にとっては、次郎三郎の熱い気持ちが知れただけで十分です。これ以上、彼らの人生を深追いするのは、やめておくことにしましょう。

第五話 「この書永く所持致し、毎年正月中披見頼み入れ候事」 百姓・鯉淵加兵衛

さて、ここまで四つの遺言状を見てきました。地域や環境が異なれば、語られることも千差万別です。もちろんそれらのなかには、共通の常識（現在とは違う、当時の**社会通念**といえるでしょうか）があったかもしれません。しかし、遺書を読んでいくと、そうした時代特有の通念よりも、むしろ一人一人の〝個性〟の方が光って見える場合もあります。すでにここまで見てきた遺言からも、そうした側面が感じられます。

たしかに、当時の常識や慣習、伝統などは、人びとの思想や行動を規定していました。第四話などは、まさにその典型です。それを、人は「世間」といってきたのかもしれません。どんなに裕福な人も、どんなに偉い人であっても、「世間」のなかでは勝手気儘《きまま》な行動をとることができません。それは、人生の終局に至っても、なんら変わりはなかったでしょう。

しかし、実はそれらはあくまで表層的なものにすぎなかったかもしれません。世間という帳《とばり》をとりはらったところに、人びとの本心が見えてくるような気もします。そんなことを考えながら、引き続き遺言に込められたメッセージを読み解いていきたいと思います。

武士としての由緒

ところで江戸時代の人びとの遺言は、どのようにして子孫へと伝えられていったのでしょうか。ここでは、下野国《しもつけのくに》真岡《もおか》領山本村（現在の栃木県芳賀郡益子町《はがぐんましこまち》）の名主をつとめた鯉《こい》淵加兵衛《ぶちかべえ》の事例をもとに見ていきます。鯉淵加兵衛は、自身の遺書の末尾に次のような言葉を記しました。

……右、條々相守り申すべく候。我等先祖までの孝礼《こうれい》にこれ有り候。この書永く所持致

し、毎年正月中披見《ひけん》頼み入れ候事、

宝暦六年子ノ新陽吉日

藤原氏

鯉淵加兵衛　次儀　判

生年七十賀

鯉淵繁右衛門殿

（『栃木県史』史料編　近世三、一九七五年、七九五頁）

〔意訳〕

……右のことを守りなさい。私の先祖までの孝礼です。この書を永く所持し、毎年正月中に一同で読むことを命じます。

宝暦六年子ノ新陽吉日

藤原氏

鯉淵加兵衛　次儀　判

生年七十賀

鯉淵繁右衛門殿

右の文章において、鯉淵加兵衛は、この遺言書を「永く所持致」し、「毎年正月中」に「披見《ひけん》」するようにと、子孫である繁右衛門たちに対して「頼み入れ」していることが知られます。これだけ見ればなんてことはありません。おそらく加兵衛の言葉を受けた繁右衛門らは、毎年正月に家族が集まった際、この「遺言書」を読み上げたことでしょう。江戸時代の商家のそういった風景は、容易に目に浮かんできます。しかしこの背景にはもっと奥の深い事情があったのではないでしょうか。

まずは鯉淵家について、わかることを簡単にまとめておきましょう。

「先祖書」（延享元〈一七四四〉年十一月：『益子町史』第三巻 近世資料編、一九八七年、一八五～一八六頁）によれば、鯉淵家の先祖は、常陸国鯉淵村の城主（一万石余り）であった鯉淵兵庫頭《ひょうごのかみ》次正にまでさかのぼるといいます。兵庫頭は、**大坂の陣**の際に鉄砲玉を眉間に受けて絶命しました。次正には、「豊前守《ぶぜんのかみ》」という名前の当時十二歳の子どもがいました。妻子は、その後、久下田《くげた》村の武士（牢人・浪人）であった上野舎人《とねり》という人物の後妻となります。

この上野舎人の没後、豊前守もまた、牢人としてこの山本村へと移住し、名主役などをつとめるようになったといいます。あくまで「先祖書」にもとづく話ですのですべて事実かどうかはわかりませんが、いずれにしても戦国期に「武士」の家柄であったことを、代々、由緒《ゆいしょ》として子孫に伝えられてきたことがわかります。

では、鯉淵加兵衛が名主をつとめてきた下野国真岡領山本村とは、どのような村であったのでしょうか。

『角川日本地名大辞典9 栃木県』（一九八四年、九二二頁）によれば、現在の益子町山本には、戦国期に高塩氏によって築かれた山本城の城跡が現存しており、この土地の長者の娘が自害したという伝説をもつ「長者窪」などがあるといいます。ここからも古い歴史をもつ村であることがわかります。

村は芳賀郡のなかにあり、はじめ常陸国笠間藩領であったのが、幕府領を経て、寛永四（一六二七）年に真岡藩領、享保十五（一七三〇）年に再び幕府領、延享三（一七四六）年に一橋家領、その後、文政十（一八二七）年からまたまた幕府領へと変わるなど、支配が転々としました。山本村の村高は、天保九（一八三八）年の村差出帳（村勢を把握するための要覧）によると一四八一石余りで、村の広さは東西二十二町、南北四十六町で、家数は八四軒（人口は四〇四人）でした。村内に溜池が十六か所もあったようです。

十八世紀後半以降は凶作が相次ぎ、とくに天保の頃（一八三〇～四四）には村の荒廃が極度に進んだといいます。そのため真岡東郷代官によって、寛政十一（一七九九）年から入《いり》百姓《びやくしよう》政策（他村から農民を移住させること）がとられ、嘉永年間（一八四八〜五四）には**二宮尊徳《にのみやそんとく》**の報徳仕法貸付金が導入されたりして、村の復興がはかられました（真岡市には二宮尊徳資料館もあります）。神社は八幡宮、三宮神社など全部で十三社あり、寺堂も真言宗智山派の光明寺、浄土真宗本願寺派妙伝寺などがありました。こうした地域社会の宗教的秩序も、後で見る鯉淵加兵衛の思想に何らかの影響を与えたのかもしれません。

それでは、鯉淵加兵衛が自身の子孫に託したメッセージとはいかなるものであったのでしょうか。その中身を見ていくことにしましょう。

宝暦・天明期の社会

鯉淵加兵衛は、宝暦六（一七五六）年、次のような「遺言書」を書き残しています（便宜的に①〜⑫まで番号を付けました）。

遺言書

①一　御地頭様《ごじとうさま》方御年貢米金、村内一同に少しも滞《とどこお》り無く上納致すべく候。百性（姓）

第一の勤方《つとめかた》にこれ有り候事。

②一　家業の耕作に念を入れ、随分稼ぎ申し候て、家相続専一にこれ有り候事。

③一　神仏を信仰致し、毎月の式日には身意をきよめ、其朝、日輪を奉拝し、それ以後居屋舗の氏神へ参詣いたし、鎮守八幡宮へ壱ケ月に一度ずつは懈怠《けたい》なく参詣致すべき事。

④一　諸親類に睦まじく、ならびに懇意の者その時々の儀（義）理など勤めるべく候。先方の少々不儀（義）理など御座候とも、心に懸け申さず候様、数年心得られるべき事。

⑤一　我より下の者に慈悲をいたし、不届き成る義これ有り候とも、用捨致し心添え致すべき事。

⑥一　何国へも往来道中の節は、昼夜に限らず用心致し、油断これ有るまじく候。壱人旅《ひとりたび》の砌《みぎり》は、え知らぬ者跡へ立て申さざる物にこれ有り候事。

⑦一　村中の百性、御年貢訴訟か又は何にても騒動がましき儀御座候とも、頭取《とうどり》人数にも加わり申すまじく候。たとえ村内不通に相成り候とも、御地頭様への大勢騒動は天下一統の御法度にこれ有り候事。

⑧一　氏神　御社参落いたし候節は、不勝手成るとも、その時の修覆建立致し、ならびに春夏馬場の掃除、壱月に一度ずつ致すべき事。
⑨一　湯治《とうじ》又は何にても遠方へ罷《まか》り越し候節、洪水にて渡舟あやうき節は、金銭入り申し候とも、その前村に逗留《とうりゅう》いたし、大水引き申し候刻、通るべき事。
⑩一　村内の年寄分の者に、諸事心ゆるし申すまじく候。尤も御公儀様御佐（作）法に相背き申すまじく候事。
⑪一　兄弟中能（仲良く）、万事相談申し合わせ候て、身躰相続致すべく候。如何様《いかよう》の儀御座候とも、不和に相成り申すまじ。そのため両家に相建て申し候事。
⑫一　我等相果て申し候以後、母に孝行いたし、愚痴成る義申し候とも、口論少しも致すまじき事。

右、條々相守り申すべく候。我等先祖までの孝礼にこれ有り候。この書永く所持致し、毎年正月中披見頼み入れ候事。（後略）

まず、①として掲げられているのは、「御地頭様」（江戸時代には旗本などの地方の領主を指す）へ納めるべき年貢米についてのことです。すなわち、「御地頭様に出さなければならない御年貢米（金）は、村内一同で、少しも滞ることなくきちんと上納しなさい。これが百姓の一番の仕事です」と述べています。江戸時代の百姓にとっては、あまりにも基本的なことです。しかし、あえてこれを遺言の第一に挙げていることに注意しておく必要があるでしょう。この時期には、年貢をきちんと完納することが難しくなっていた様子もうかがえます。

②に挙げられているのは、「家業の耕作に念を入れ、随分（しっかり）と稼いで、家の相続に心掛けること」です。「家相続専一」の「専一」は、文字通り、一つのことに専念することですので、家の相続に専念しなさいという意味です。①と同じく、家の相続も油断できない状況になってきていたのでしょう。

右の二つは、いってみれば当たり前のことです。それに対して③では、もっと具体的な内容が挙げられています。すなわち、「神仏を信仰して、毎月の式日には身も心も清め、その朝には日輪を拝み奉り、その後には居屋舗の氏神へ参詣し、鎮守八幡宮へ月に一度ずつは、怠ることなく参詣しなさい」といっています。ここでは、ただ単に〝神仏を信仰しなさい！〟というのではなく、具体的な行動が明記されている点が注目されます。これが、鯉淵家にとって大切な慣習であったことが伝わってきます。

④に挙げられている親類縁者との付き合い方も、わりと具体的です。「諸親類と仲良く付

き合いなさい。とくにお世話になった者には、それに応じて義理を果たしなさい。先方に少しばかり不義理などがあったとしても気にしてはいけない」と記されています。また、⑤の「自分より下の者に慈悲をいたし、不届きなことがあったとしても容赦し、心添えあること」という言葉も興味深いものです。こうした「慈悲」の心の大切さは、わかっていてもなかなか実践できることではありません。加兵衛があえてこのことを指摘するのには、それ相応の意味があったのでしょう。

さて、これ以降は、さらに具体的な話が続きます。⑥は、旅先での話です。すなわち、「往来道中のときは、どこの国であっても、昼夜にかかわらず用心をすること。油断してはならない」というものです。これは、加兵衛自身のなにか具体的な経験にもとづいているものなのでしょうか。それとも、聞いた話をもとにしているのでしょうか。それはわかりませんが、いずれにせよ、この遺言が書かれた宝暦年間（一七五一〜六四）には、それ以前に比べて、旅に出る人も全国的に増えてきていたことは事実です。

これには、各地に裕福な人びとが登場したこと、交通網が整備されたこと、名所や旧跡に関する観光ガイドのようなものが出版されたことなど、様々な要因が挙げられます。そうした社会の状況が、この文章の背後にあることは間違いありません。その点では、⑦も同様のようです。ここでは、「村中の百姓たちが、御年貢の訴訟か、そのほか何であれ騒動のようなものを起こした場合でも、頭取《とうどり》の人数（主要メンバー）には加わってはいけない。たとえ、村のなかで『不通』（仲間外れ）になったとしても、御地頭様に対する大勢での騒動は、『天下一統の御法度』である」といっています。これも、宝暦期の社会の動向と合わせて考えるべきでしょう。

さらに、その点では、⑩の「村内の年寄分の者に、すべてにわたって心をゆるしてはいけません。御公儀様の御作法に背いてはいけません」というのも、これと密接にかかわります。鯉淵加兵衛が、村内の人びと（とくに年寄衆）に不満をもっていたことが、この文章からうかがえます。領主に対して騒動を起こすような百姓たちの動きを警戒していたことがわかります。

では、鯉淵加兵衛の言葉の時代背景について、少し確認しておくことにしましょう。

日本近世史研究のなかで、宝暦・天明期は、時代の転換期といわれます。側用人《そばようにん》・老中となった田沼意次が政権を掌握した、いわゆる田沼時代（一七六七〜一七八六）にあたり、この時期には、全国各地で百姓一揆や打ちこわしが発生しました。この史料からもそうした時代の気配が感じられます。

加兵衛の遺言に戻ります。最後に挙げられている二つ（⑪、⑫）も、一見すると、私的な事情のようにも思われますが、この時代の匂いがプンプンします。個々の文書から時代の空気を嗅ぎ取るのは、歴史研究の醍醐味です。つまり、⑪の「兄弟仲良く、万事《ばんじ》について相談し合わせすること。どんなことがあっても、不和になってしまってはいけません」あるいは、⑫の「私の死後、母に孝行いたし、愚痴のようなことを言ったとしても、口論《こうろん》はしてはいけません」というのは、プライベートな問題にとどまりません。家族親類が結束しなければ混迷する農村社会のなかを生きていけないという、潜在的な危機意識があったのでしょう。

すなわち、この遺言は、宝暦・天明期に大きく変動する農村社会のなか、家族のつながりを大切にする必要性を説いたものと考えられます。そして、鯉淵加兵衛がこの遺言を書き残した背景には、こうした社会全体の変化に対する漠然とした不安があったように感じられます。

しかし、そもそも加兵衛はどうしてこうした遺言を残そうと思ったのでしょうか。「我等先祖までの孝礼」という言葉には、一体、どのような意図が込められていたのでしょうか。次節では、加兵衛が生まれて間もない頃まで時間を少し巻き戻して考えてみることにしましょう。

「先祖までの孝礼」が意味するもの

時は、この遺言が書かれる約六十年前、元禄五（一六九二）年のことです。先に掲げた遺言が宝暦六（一七五六）年の新陽（新春）、「生年七十賀」（七十歳の祝い）に書かれていることから、作者の加兵衛は一六八六年頃の生まれと推定されます。よって、当時はまだ幼少の頃でした。この時期、加兵衛の「先祖」に当たるであろう鯉淵無外という人物が、次のような願書を役所に上申しています。まずは、その原文（読み下し文）を掲げてみましょう。

恐れながら願い申し奉り候口上

一数年心懸け有り候心底は、万一の儀も御座候わば、何国までも御供《おとも》仕るべしと存じ奉り、武具・馬具二騎分嗜《たしな》み所持仕り候えども、御駒鎧ゆえ甲斐なく朽ち終わり申す儀、無念に存じ奉り候、これ以後までも、右の心懸け、子孫ともに堅く申し含み置き候、然れども二・三代まで土民にて□□埋まり果て、随って武士の親類縁者どもも次第に遠く罷り成り、末代に至りて何をもって御取り立て下され難く存じ奉り候、念願は御慈悲をもって、万一のために今度鎧を御赦免成し下され（候）わば、子孫末孫までの申し立てに罷り成るべく候、私死に申し候跡にても、先祖の本意を達し申す事もこれあるべしと存じ奉り候、一生の願い是までに御座候、右之趣、もし不便に思《おぼ》し召され候わば、然るべき様に御披露頼み上げ申し奉り候、以上。

申ノ卯月十五日

鯉淵無外（印）

（『栃木県史』史料編　近世三、七九四頁）

これは、「恐れながら〜」で始まる江戸時代の典型的な願書の形式です。一見、難しいように見えますが、内容をよく読むと、鯉淵無外の人情味であふれていることに気がつきます。たとえば、書き出しでいきなり「数年心のおくそこで心掛けていることは、もしも殿様に万一のことがあったならば、どこへでも御供するよう覚悟している！」（傍線部）といっている点。これは、まさに彼の性格をよく物語っているでしょう。

また、「私が死んでしまった後も、先祖の本意（遺志）を達成する機会はあるだろうと思います。『一生のお願い』とはこれに尽きます」などとあることから、この時点で、鯉淵無外が自身の死も意識していることが推察されます。では、彼がこれだけの言葉を込めて願い出ているものとは何だったのでしょうか。

まず、右の言葉からもわかるように、鯉淵家は、元々武士の家柄であり、「武具・馬具二騎分」を所持してきたようです。しかし、年を経るにしたがって、これらも朽ちてしまいました。このままでは、自分の子孫の代には、こうした武士としての由緒が消えてしまう。彼はこのことに危機感をもっていました。そして、武具・馬具を持ち続け、武士としての先祖の身分を記憶にとどめておくことが、鯉淵無外にとっての「一生のお願い」であったことが伝わってきます。

彼がこうした心境に至っている背景には、元禄五（一六九二）年という時代を考えるべきでしょう。この時期は、関ヶ原合戦から約九十年、大坂の陣からも約七十五年であり、〝戦後〟（もちろん戦国時代の後という意味ですが……）の社会が定着してきた頃です。鯉淵無外も、おそらく〝戦後〟生まれであったでしょうが、父祖から戦国の乱世のことを聞かされていたことでしょう。社会全体にとっても、乱世の記憶がまだまだ新しかった時期に、彼は生を享《う》け、成長していきました。ところが、ご存知の通り、「天下泰平」の世が到来したことにより、鯉淵家でも次第に、先祖が武士であったという記憶が遠のいていきました。それは、彼自身の「ここ二～三代までは『土民《どみん》』として埋まり果ててしまった。このため、武士の親類・縁者も次第にいなくなってしまった。このままでは、末代に至っては、御取り立ていただく機会もなくなってしまう！」という言葉から、リアルに伝わってきます。とても切実な問題だったのでしょう。

鯉淵家のように元々武士の系譜をひく家は、全国で見れば、決して少なくありません。村役などを務めていた人のなかには、同じような感情を持っていた人も多かったでしょう。鯉淵無外の場合はたまたま、その気持ちが全面に打ち出された史料が今日まで伝わってきたに過ぎません。

なお、鯉淵家には次のような記録も残っています。鯉淵加兵衛は、延宝六（一六七八）年、御扶持方《ごふちかた》（給付事務を担当する職）を拝命して、江戸へ行くにあたって「書置《かきおき》」を残しました。このとき、もう故郷には戻ることができないかもしれないという思いがあったのかもしれません。遺書めいた内容になっており、この文章もとても印象深いものです。本題からはそれますが、少しだけ見ておくことにしましょう。

……子孫に譲る事、第一は殿様を拝み奉る心信取る故なり。
ただし、殿様を拝み奉ると言う事、敢えて手可上ケ拝にあらず、公用を油断なく、百姓くるしまざる様に御為専一と心かけ（る）べし、御地頭は日月のごとし、濁水にかけ（影）のさすことなし、もし地頭濁りと見えば、其下に住べからず、大躰の知恵ならば、今の別状をよく心得（る）べし、ただ身の程を慎しみ知るべきのみ、武を捨て、心信取りて、慈悲深く、正直にして家職捨つるな。

ここでは、殿様を尊敬することの大切さ、地頭のありかたなどが述べられています。ここにも、鯉淵無外の遺書と同じく武士としての気概が見て取れるように思います。しかしその一方で、「心信取りて、慈悲深く、正直にして家職す（捨）つるな」と言い、「今の別状をよく心得るべし」「ただ身の程を慎み知るべきのみ」とも言っています。この言葉からは、時代の変化に適応していく必要性を、彼自身が実は強く感じていたことが伝わってきます。

さらに、鯉淵家文書のなかには、「鯉淵加兵衛の叱責状」（元禄五〈一六九二〉年三月十五日）と呼ばれる史料も残っています（『益子町史』前掲、七七二〜七七五頁）。これは、鯉淵加兵衛による、自身の息子と思われる人物（文面では「其方《そのほう》」）の悪所《あくしょ》通いなど、様々な行いに対する叱責が書き連ねられています。

加兵衛の記憶が定かでないためか、あるいは感きわまっているためか、意味がとりにくくなっています。たとえば、「老耄《おいぼれ》病気ゆえ、前後（を）忘却候て書き尽くし難《がた》く候。まずこの分を申し抜《ひら》き、数年の蒙念をはらし、今生《こんじょう》後生《ごしょう》の残念これ無し。何国にて死に候とも子孫末孫までのため然るべしと存じ候。旧冬《きゅうとう》長命方への文にて、其方心だて少しは直すべきかと存じ候に、一円左《さ》なく（まったくそのような兆しはなく）候間、是非に及ばず、『呼の悪葉』を顕す事、如何《いか》なる因果《いんが》やらんと、我が身の程を恨み暮らすのみ」などと、事情はわかりにくいのですが、彼の抑え難い思いがひしひしと伝わってきます。

　どうも加兵衛の子どもの一人に、家を出て帰らない者がいたようです。文中の長命という人物が、加兵衛と子どもとの仲介役になってくれていたようです。なかなか、その子が改心してくれないもどかしさから、「自分の身の程を恨む」という気持ちが告白されています。

なお、この叱責状の最後は、鯉淵加兵衛の実に人間らしい文面で締めくくられています。

長命方へ申し断り候。過ぎし年の文、この世の暇乞《いとまご》いなれば、また申すべきにはあらねども、孫ども不憫《ふびん》堪えやらで、神々へ詣《まい》りても子孫のことのみ祈るなり。（すこ?）し日々の務めにも怠る事はなし。しかし思いきり候へば、なつかしき事もこれあり候。〔　〕夢に見たる事はあり。さてもさても、凡夫心《ぼんぷしん》〔凡人の心〕いつかは者《は》つべし

（果つべし?）。書物見て三十郎〔子ども〕をうらみまし。四人の子共（供）あるからは、前世の因果と思ひなし、返々ふあい（後欠）

「この世の暇乞《いとまご》いなれば」という、自らの死期を悟った状況においても、神社へお参りに行くと子孫のことばかり祈願してしまうというわけです。痛切な心労が見えてきます。断片的な史料ばかりですが、やはり十七世紀後半の鯉淵家の人びとの苦悩がうかがえます。

さて、そろそろ話をもとに戻しましょう。先に紹介した十二か条の遺言は、右の鯉淵加兵衛の生きた時代から、約六十年後の宝暦期のものです。しかしながら、この宝暦六（一七五六）年の遺書も、元禄年間の鯉淵家先祖の動きとつなげて理解すべきなのかもしれません。十七世紀後半の鯉淵家先祖のことを知ると、先ほどの十二個のメッセージもまた違った見方ができます。

少し思い出してみましょう。先ほどの遺言書のなかにあった、領主に対する忠誠心（①）はもちろんのこと、家を相続させることの難しさ（②）、あるいは、神仏に対する帰依（③）、さらには、旅に対する注意（⑥）でさえも、鯉淵家の長い歴史を踏まえたものであったことがわかります。それは、たとえば「村内の年寄分の者に、諸事心ゆるし申すまじく」（⑩）

という言葉からもわかるように、武士としての出自をもつ鯉淵家のプライドと深くかかわるものだったのでしょう。

いずれにせよ、鯉淵加兵衛が述べていた「我等先祖までの孝礼」というのは、私たちが最初に考えていたよりも、ずっと深い意味があるように感じられます。

まず私たちは、彼の遺言から、宝暦期の新しい社会の動向を想定しました。しかし、元禄期（加兵衛が生まれた頃）の鯉淵家の事情を知ると、なんだか、それだけでは物足りないような気がしてきます。つまり、この遺言には、鯉淵家の先祖の連綿とした意志が息づいているような気がしてなりません。

百姓たちが領主に対し不満をぶつけ、時に百姓一揆という具体的な行動に出るようになってきた宝暦・天明期。その時代に直面した鯉淵加兵衛は、自らがどのように生きていくべきなのか迷いました。その葛藤の果てに、先祖の意志を受け継ぐことを決意したのではないでしょうか。この遺言のなかで、百姓らではなく領主の側に身をおくべきだという道筋を示したことには、加兵衛の先祖の言葉が深く関係していたのではないでしょうか。そう考えると、最初に掲げた「この書永く所持致し、毎年正月中披見頼み入れ候」という言葉には、実に深い意味があったような気がしてきます。

第六話　「心に錠をかけべし」

豪商・戸谷半兵衛

子孫に向けて何を言い残すべきか――。そう考えると様々な思いがよぎり、必然的に熱が入って長文になってしまうものなのかもしれません。苦労して成功した人になればなるほど、尚更そうでしょう。

日本歴史学会編『概説古文書学　近世編』（吉川弘文館、一九八九年）に紹介されている「武蔵国都筑郡久保村名主苅谷又八遺言状」などは、実に全八十二条（二十六字×三百二十四行）に及ぶ大作であり、同書の執筆者も「私見の範囲では他に例をみない。」（三三五頁）といっています。

たしかに、これほどの長文は珍しいですが、どの遺言状のどこを切り取ってみても、人生経験が凝縮されていることは事実です。単純に文章量の多少だけにかかわるものではありませんが、その内容の豊富さには、時に驚かされます。もちろん、江戸時代の人びとが残した遺言は、私たちの常識とは異なります。それは、法律にもとづいて書かれるわけではなく、家訓としての側面を色濃く帯びています。遺言は、江戸時代の年長者にとって、自分の子孫にメッセージを伝えるためのほぼ唯一のメディアでした。また、江戸時代の人口や平均寿命などを考え合わせれば、遺言を書くこと自体、きわめて難しいことであったことも忘れてはなりません。さらに、それが幾多の危機を切り抜けて、今日まで伝来してきたこともまた意味のあることです。

したがって遺言とは、恵まれた人びとによって残された、とても珍しい「史料」であるといえるのかもしれません。しかし、繰り返しになりますが、彼らは必ずしも身分の高い人びとであったわけではありませんし、必ずしも幸せいっぱいの気持ちでこれを書いたわけでもありません。たとえ恵まれた境遇の人であったとしても、世間のしがらみのなかを生きていくのはそれほど容易《たやす》いことではなかったでしょう。現にここまで見てきた遺言には、自分の人生を手放しで謳歌しているものは一つもありませんでした。江戸時代は身分制社会といわれますが、必ずしも身分や属性と遺言の内容が一致しているわけでもありません。そこに見えるのは、必死に時代を生き抜いてきたそれぞれの人間の個性にほかなりません。

ここでは、江戸時代の有名な豪商の遺言を見てみることにしましょう。

「力の限り仕事に励め」

さて、武蔵国児玉郡本庄宿《こだまぐんほんじょうじゅく》（現在の埼玉県本庄市）の戸谷家《とやけ》に伝わる「遺言之状」（元文三〈一七三八〉年正月）は、実に人情味あふれる長文の遺書です。その後半部分は、次のように書かれています。

> 右の趣き、常に心掛けるべし。名聞も奢《おごり》も致すまじくと心掛けても、上段に移り安きは浮世の人心なれば、心に錠をかけ（る）べし。心力に及ぶだけは職分をはげみ、立身せんと覚悟致すにおいては、我死後にも魂魄朽ちずは守護を加うべし。筆いやしけれども、仍《よ》って遺言状是の如し。

元文三年午正月

（『新編埼玉県史』資料編14　近世5　村落・都市、一九九一年、七八二頁）

〔意訳〕

名声を求めたり奢ったりしてはいけないと心掛けていても、人の心は移ろいやすいものなので、心に鍵をかけるべきです。力が及ぶだけ職分（仕事）に励み、立身しようと覚悟していれば、私の死後、魂が朽ち果てていなければ守護します。筆は卑しいですが、これが私の遺言状です。

まずは、この遺言が書かれた背景について簡単に確認しておきましょう。戸谷家のあった本庄宿は、中山道のうち武蔵国最後の宿場町として、江戸時代、繁栄をきわめました。そのなかでも、戸谷家は、全国的にも知られた豪商でした。

たとえば、戸谷家の当主半兵衛については、江戸中後期の旗本である根岸鎮衛《ねぎしやすもり》が著した、有名な『耳嚢』（長谷川強校注、岩波文庫、一九九一年）のなかにも、「本庄宿に仲屋三右衛門といへる商人有りしが、凶年の節宿内近村の困窮を救ひ、往還の助けとて往来の道 并《ならびに》 橋

■中山道本庄宿の位置

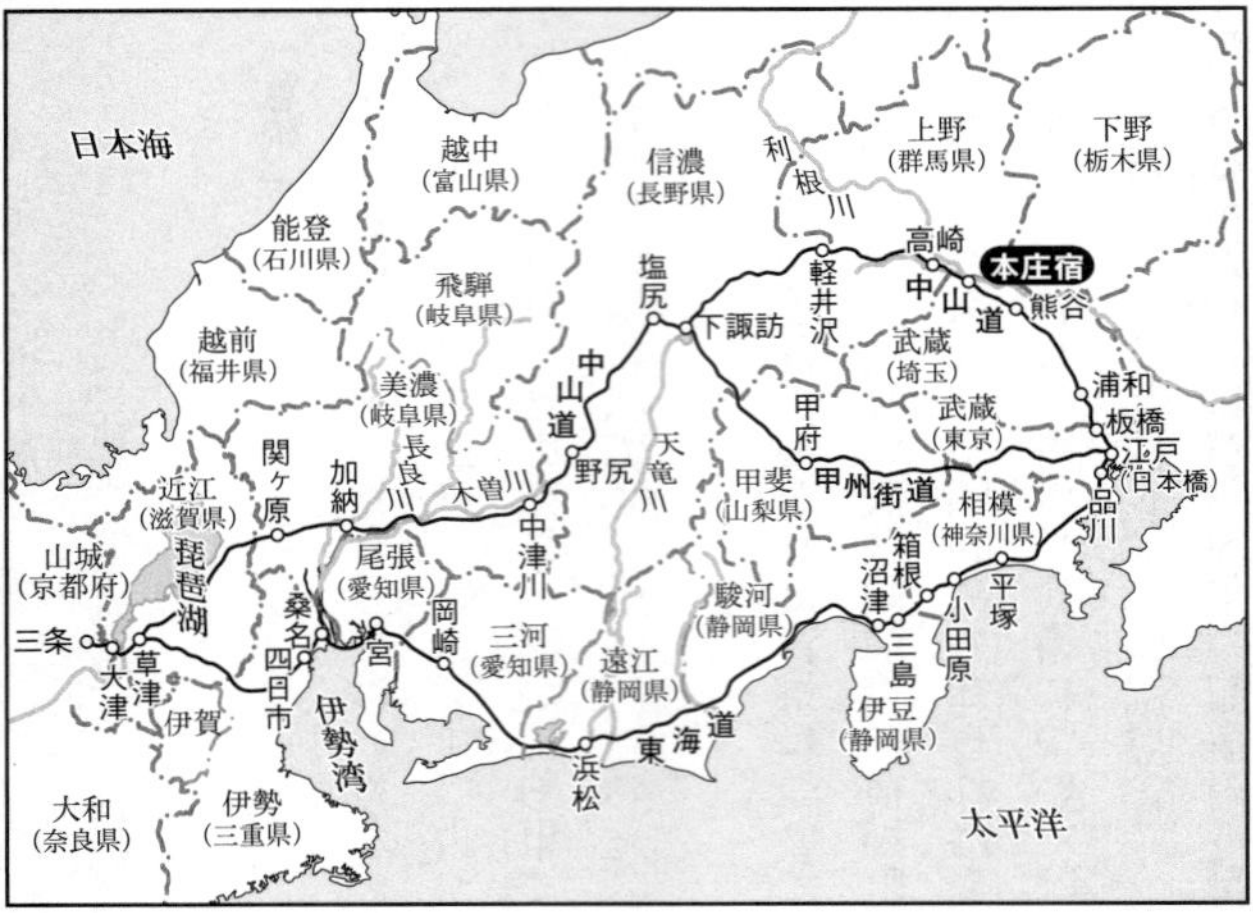

を自分入用を以取《もってとり》計《はからひ》」「呉服其外諸品の商ひ為《な》して、今本庄宿其外近辺に鳥谷三右衛門といひては不知《しらざる》者なし。」（同書〈上〉、三四七〜三四八頁）などと紹介されており十八世紀後半には、その名が広く知れ渡っていたことが確認できます。とくに、戸谷半兵衛光寿《こうじゅ》（一七七四〜一八四九）は「双烏《そうう》」という俳号で知られる一方、常夜燈を建てたり、天明の飢饉の際に人びとの救済のために蔵を建設したりと、慈善活動家としても有名です（本庄市立歴史民俗資料館の展示より）。

　ここでは、この本庄宿の豪商・戸谷家に伝わる遺言を読み込んでいきたいと思います。

「若年の一子江心持の教訓」――江戸の豪商

さて早速、戸谷家に伝わる遺書の内容を見ていくことにしましょう。まず、この遺書の表題は、「愚我若年の一子へ心持の教訓」（不肖私のまだ若い一子へ、心構えの教え）とされています。その名の通り、冒頭には、まだ若い自分の子どもに対するメッセージがストレートに掲げられています。次のような文章です。

一、子なれば不便には思えども、我、無学にして思慮もなければ、何も至りたる事は知らざれば教えがたし。世人たとえにいうごとく、「三ツ子で持たるたましい百まで」とて何の願いも若年の覚悟にあり。その願いの品々あるものなれども、まず立身致す事を願うべし。身躰は万物を取り行く体なれば、是を願わぬ人はなし。然れども心には願い身の行き我儘《わがまま》にして、願う心とは大いに相違あるに依て、その願い成就致す事を得ず。

はじめに掲げられている、「自分の子なので不憫には思うけれども、私自身、無学であって思慮に欠け、大したことは知らないので教えることもできません」という文章には、もちろん謙遜もあるのでしょうが、逆説的に、自身の子どもに対して何かを伝えなければならないという責任感が滲んでいます。子どもに対して、人生のヒントを教え諭そうとしている様子もうかがえます。

「三つ子の魂百まで」というのは、今もよく聞くことわざの一つですが、戸谷半兵衛は、若いうちから「覚悟」が必要であるといいます。「覚悟」とは抽象的な言い回しですが、「まず立身（出世）することを願うべきだ」というわけです。しかし、心のなかで立身出世を願っていても、その行動自体が、我儘《わがまま》なものになってしまっては元も子もありません。結局、願いが成就せずに終わってしまいます。

そのため、この遺言では、「ただ、天上へ登ることとばかり願うよりも足元を見て転ばないように心することが大切だ」と強調します。上ばかり見ていて躓《つまず》いてしまったら、全く意味がありません。何事も慎重に進めていくことが肝心だということを意味しているのでしょう。では、「足元を見て」というのなら、具体的にどのようなことに気をつければよいのでしょうか。それについて戸谷半兵衛は、自身の経験も踏まえつつ、次のように述べています。

まず分限を願わば、色欲・美食・遊狂・奢の心を曽《かつ》て（すべて）止《や》め、神仏を信心し、公儀の掟を堅守し、五常の道を心掛け、親兄弟・親類諸人にうるわしく、職分に精力をつくし、正直にしてかりそめにも偽りなく、人をむさぼらず、律儀《りちぎ》第一にして、富貴をば天命にまかせて時節を心長に待てば、大身には及ばずとも相応の録（禄）を持つべし。我、若年の時に願いし事、五十余にして大方成就したり。まず、男子・女子の有りようも、田地の持高も小（少）分ながら願いの通り。そのほか少々宛《ずつ》なし施したる善事のまね事も心掛けの通り成就したり。

まず、「分限を願わば」とはどういう意味でしょうか。「分限」には、「①身分。地位。身のほど。分際。②財力。財産家。」という意味がありますが（『新版　古文書用語辞典』）、ここでは、ある程度の財力・資産を持つこと、つまり裕福になることを指していると考えられます。そのために必要なこととして、「色欲・美食・遊狂・奢」などをすべてやめたうえで、「職分」（仕事、職業、または職務上の役目。職務上必ず果たさなければならない勤め。『新版　古文書用語辞典』）に一生懸命力を尽くして、「正直」であり、「かりそめ（仮初）にも」（決して）人を偽ってはいけない、「人をむさ（貪）ぼらず」（他人を貶《おとし》めたりせず）、「律《りち》

文化12年に戸谷半兵衛が神流川の渡し場に建立した常夜燈（複製）。夜間、往来人の道標となった。

儀《ぎ》」であることを「第一」としなさい。そして、富貴に関しては、天命に従い、その時をじっと待ちなさい。そうすれば、「大身」（高い身分）とはいかなくても、それ相応の資産は、持てるようになるだろうといいます。「正直」と「律儀」をモットーとして、気長に励めば、ある程度の成功は可能なはずです。たしかに、いきなり「大身」になろうとして、欲の限りを尽くし、他人を貶めてまで金の亡者として活動すれば、はじめはそれなりにうまくいくかもしれません。しかし、結局は身の破滅に向かっていくものなのでしょう。

さて、先ほどから述べているように、この遺言状は、戸谷半兵衛自身のことにも言及しているところに特徴があります。すなわち、これを書いている彼自身は、若い頃に願ったことを、五十歳余りにして大体達成してしまったといいます。その内容については、「まず、男子・女子の有りようも、田地の持高も少分ながら願いの通り。そのほか少々宛《ずつ》なし施したる善事のまね事も心掛けの通り成就したり」（まず、男の子と女の子も計画したように生まれ、田地の持高も少しではありますが願い通りになりました。そのほか少しばかりですが施しという善事のまね事も心掛けの通りに達成しました）といっていますので、子どもを持ち、土地を得て、そして「善事のまね事」（慈善事業）を行うことが、すなわち子どもへの「願い」の一部でもあったのでしょう。

なかでも「善事のまね事」をするのは大変だったようです。というのも、「禄がたくさんあるから施しができるのだ」「金銀を塵《ちり》同然と思っている」などと批判する人もいたからです。しかし、こうした「寸善」は、二十歳になる前からコツコツ借金のように蓄えてきたものだといいます。そのうえで、彼は次のように述べています。

斯《か》く願いし事ども一生の間に成就したる事を思わば、我も分限に成りたしと願ったら分限に成るべきに、我はただ親の褒《ゆず》りを失わず、子孫へ是を伝えん事を願い、分限に成りたしと願わぬ事はあやまりに似たれども、運によるという事あれば、さのみ覚悟にうらみもなし。彼是いうに及ばぬ事ながら、何の願いも若年の覚悟に有りとの証拠にいう。

ここでは、「自分も金持ちになろうとしたらなれたであろう。しかし、自分はただ親から譲られてきたものを失わないで、そのまま子孫へと伝えようと願った。金持ちになりたいと願わなかったことは誤りだったかもしれないが、それは運によるところもあるので、それほど後悔はしていない。とにかく、どんな願いでも若いときの覚悟が肝心だ」といった内容が述べられています。

もちろん、ここで若いときの「覚悟」の大切さが強調されている理由は、この史料自体が、「若年の一子」へ宛てられたものであったことと関連しているでしょう。それにしても、この遺書の内容は、実に具体的なものです。とくに、家業（商売）の心構えについては、次のように述べられています。

①一、商いを致すとて、百姓は農業をおろそかに致すべからず。車の両輪のごとくと思うべし。

②一、その家々の職分を大切に勤むべし。まず、商いの家に生まれては、人の利の有る商売を羨《うらや》み、仕来《しきたり》たる商売を面倒《めんどう》に思い、貪欲《どんよく》をふくみ、俄かに分限を望むは、かえって身の仇《あだ》となると知るべし。

③一、仕来の家業怠るべからず。もし勝手に依りて是を止《やめ》るにおいては、幾度も了簡《りようけん》致し、その上の事たるべし。尚又、新規《しんき》に商売とりひろげるべからず。勝手によって是を致さば、前後の事を考えるべし。

④一、商いは小気にても成りがたし。大気ばかりにても叶い難し。損は徳の元手。利は損の入れ替えと思い、損も憂《うれ》えるべからず。利有る時にもよろこび、むざと金銀を遣うべからず。不絶に慈愛の人にいうに及ばず。知らぬ人たりともだしぬき買徳売ぬき無用たるべし。また、恣《ほしいまま》にきばり重畳の直売を好むべからず。互いに能を商いの道と思うべし。尤もその代約束を違わず払い、また、貸たるものをも油断なく程よき様に致すべし。惣《すべ》て借物を返済の時、その品悪《あ》しきものを返すべからず。何程《いかほど》勝手有るとても利欲に迷い筋悪しくして徳取り致すべからず。

⑤一、商いは売様・買品・売時・買旬有るといえども、その品ましてその時々の様子に依りて替る物なれば、幾年月日を経てもその術を知らざれば教えに成りがたし。世間の事を聞き合い、物の上り下り、人の景気を見合い、功者の人の了簡をも請けて考えるべし

まず、①で「商売をしていたとしても、百姓は農業を疎かにしてはダメです。商と農とは車の両輪のように思うべきです」といっています。先ほども少し紹介したように、戸谷家は、商業で成功した家ですが、自家を「百姓」の家と認識していることが注目されます。「車の両輪」というのが具体的に何を指しているのか定かではありませんが、商売に集中しすぎてはいけないということを示していたのでしょう。

また、年貢を納めることは、幕藩制国家の〝一丁目一番地〟ですので、あるいは、領主に配慮しての言葉だったかもしれません。いずれにせよ、これは、江戸時代を生きていくうえでは、欠かせない認識だったのかもしれません。

②も、実に興味深い発言です。すなわち、「その家々の職分を大切に勤めるべきだ」「他人の商売がうまくいっているのを羨み、先祖代々の商売を面倒に思ったり、急に裕福になろうとしたりするのは、かえって身を滅ぼす」と述べています。手っ取り早く稼ごうとしたり、うまくいっている流行りの商売をまねしたりするのは危険だということでしょう。

この見解は、③の「これまでのしきたりの家業を怠ってはいけない。もし勝手にこれをやめる場合は、何度もよく確認して、そのうえで行うべきだ。商売の手を広げてはいけない」という考え方とつながっているのでしょう。ここでは、昔からのしきたりを守る方が、新規に商売を展開していくよりも、よほど大事だということが強調されています。誰でもそうですが、他の人がうまくいっていると、それをまねしたり、流行に乗って新しい事業を興したりしてみたくなるものです。しかし、この遺言では、こうした態度は危険だと戒めています。

これだけを見ると、戸谷半兵衛は、しきたりばかりに固執している保守的な人間のようにも感じますが、決してそうではありません。それがもっともよく表れているのが、⑤の「商売にはタイミングがあるといっても、その時々の状況によって変わるものである。よって、その勘所を掴まなくては成功しない。世間の動きや流行、景気をよく見て、成功者の見識を学んで考えるべきだ」という言葉でしょう。しきたりに従うだけでなく、時代に合わせた臨機応変な姿勢も必要であることを、彼は熟知していたようです。

それは、④に見られる商売に臨む態度からもうかがえます。ここでは、「商売は、弱気では成功しない。しかし、強気ばかりでもダメだ。損は徳の元手であり、利は損の入れ替えと考えて、損しても憂《うれ》えてはいけない。儲かっているときも喜ぶばかりでなく、むやみに金銀を遣ってはいけない」と述べています。実に含蓄《がんちく》のある言葉です。商売は強気一辺倒でもダメだし、反対に弱気でもうまくいきません。そのバランスが大切だということでしょう。

こうした商売に対する柔軟な姿勢は、彼の人生観ともつながっています。次節で見ていきたいと思います。

「人のよき事を見ては、ともに悦ぶべし」

さて前節では、主に家業（商売）についての考え方を見てきました。しかし、この遺書は、人生訓にまで踏み込んでいます。たとえば、人付き合いの仕方、すなわち人間関係に関しても次のような点を指摘しています。

(A)一、出家・沙門を敬い、かりそめにも逆らうべからず。

(B)一、己《おのれ》相応の録（禄）を持つ時、その職分を不足に思い取り捨てるにおいては、家滅亡間近と知るべし。

(C)一、貧福諸人と参会致す時、甲乙は時宜《じぎ》たる事ながら、録（禄）の厚き人にも恐れへつらうべからず。軽き人をもあなどり麁略《そりやく》に挨拶致すべからず。

(D)一、諸人と烈（列）座の時、身を引き下げ、已に年増したる人を兄と思い、年劣の人に対しても一礼をも言わず上座に進むべからず。

(E)一、人来たる時、甲乙ともに女（如）才の挨拶致すべからず。

(F)一、他家へ行きたる時は、早く亭主へ一儀を述べ、そのほか列座の人びとへあいさつ致し、長座に及ばず、帰る時に亭主を一足も運ばせぬように暇請いを早くして、送る時宜を請け帰るべし。

(G)一、何事によらず度々人に無心申さざる様心掛けるべし。

(H)一、人に憐憫《れんびん》は成りがたきものなり。拠んどころ無く、足《たし》を致す時は人に知らせずして、縦令《たとえ》何程の事を致したりとも、忍びがましき躰、後日に曽《かつ》て言うべからず。

(I)一、甲乙の役人として、公儀をひたいあて（額当）、権威をふるい、押領致すべからず。上を敬い、下へ情を心の内にふくみ、理非を明らかに捌《さば》き、ひいき（贔屓）なく、おろかの人にも物をよくのみこませ、論所出来ざるように取り計らうべし。猶又、人の賄《まいな》いを請うべからず。

(J)一、人に頼る事あらば、心の及ぶほどは、そのむねを働かすべし。然れども、人の請《うけ》判《はん》に遠慮心付け有るべし。

(K)一、召仕《めしつかい》の者をば、我が子のごとく思いなし、一種をも分け与え、内心に情をふくみ仕うべし。ゆるがせにも致すべからず。厳しくもつかうべからず。

(A)〜(K)は、いずれも内容がはっきりしています。(A)では、その理由は示されていませんが、僧侶（出家・沙門）に逆らってはいけないことが強調されています。(B)は、「身分相応の収入を得ているとき、今の仕事を不足に思ってやめてしまうのは、家の滅亡を招くだけだと思いなさい」という内容です。欲は際限のないものですから、足ることを知ることが肝心だという意味でしょう。

(C)は、「人と会うときは、裕福な人に対しては諂《へつら》ってはならず、貧しい人には疎略に挨拶してはいけない」というものです。これも、人付き合いにおいては、とても大切なことでしょう。(D)の「人と一席をともにするときは、出すぎることなく、自分よりも年長の人を兄と思い、年少の人に対しても一礼もしないで上座に進んではいけない」というのも同じです。

このように、ここでは、人との付き合いにおける注意点が明記されていることがわかります。このなかではとくに、目下の者に対する接し方の注意が多いように思われます。たとえば(I)では、「役人に任命されたからといって公儀の権威をふりかざしてはいけない。上を敬い、下へ情けの心を含んで、理非を明らかにして裁き、依怙贔屓《えこひいき》することなく、思慮の足りない人（「おろかの人」）にもよく物事を説明するように」ということが述べられています。

また、(K)では、召使に対しても自分の子どものように思えといいます。総じて、自分よりも目下の者に対する配慮の心の大切さが強調されているといってよいでしょう。

こうした人間関係に対する理解は、さらに一般論へと昇華していきます。すなわち、戸谷半兵衛は、次のように述べます。

(L)一、身為《みだめ》を思い、人の不為（為ならざる）を言うべからず。人の咎《とが》をも我が身に引き請け、事を取り成さば、後日の身為と成ると知るべし。
(M)一、惣《すべ》て人の悪しきを言はず、人の悪しきを見て己が悪しきくせ・くまを直すべし。
(N)一、人のよき事を見ては、ともに悦ぶべし。是をうらやみ、是をそねむは、身の仇と成ると知るべし。
(O)一、人の志をば、忘るべからず。人に恨みは言うべからず。己が心だに身を思わぬ物なればなり。
(P)一、費《つい》えをいとい、万事倹約をなすべし。然《さ》れどもことの義理をば欠かぬように心掛けるべし。
(Q)一、家職のいとま有る時は、寺院方へ見舞い、又は書物のよしをも見聞きし、うかと月日を暮らすべからず。

まず、(L)「身為《みだめ》」(自分の利益)を思って、他人の「不為」(為にならないこと)を言ってはいけない、と説きます。それは、「人の咎(あやまち)をも自分の身に引き受けて取り成せば、後々になって、自分の得になって返ってくる」というわけです。

私たちはどうしても、他人の失敗に対して厳しく糾弾しがちです。責任ある立場になればなるほど、部下や後輩に対して厳しく当たってしまうものなのかもしれません。しかし、それは結局、自分のためにもなりません。むしろ、他人の失敗を自分が引き受けることが、かえって自分のためになるのだといいます。単純なことですが、なかなか実行できることではありません。

(M)も基本的には、同じことをいっています。つまり、「どんな些細なことでも他人の悪口を言わないこと。他人の悪いところを見て、自分の悪い癖や行いを直しなさい」ということです。これも実践するには、相当な心のゆとりが必要でしょう。

一方、(N)では「他人に良いことがあったときは、共に悦びなさい。これを羨んだり、これを嫉《そね》んだりすることは、結局、『身の仇』となると知るべきだ」と説いています。他人の幸せを心から喜ぶことなどなかなかできません。どんな人でも、他人の幸福を百パーセント祝福することは難しいでしょう。あくまで他人のことですから、どうしても羨望が生まれてしまうものです。

(O)は、さらに難しいことかもしれません。「人の志を忘れてはいけない。人に恨みは言ってはいけない」というのも、結局は自分中心ではなく、他人の身になって考えてみなさいということでしょうが、意識していても簡単にできる話ではありません。

なお、(P)は、これまでのものとは内容が違います。「費えとなることを嫌い（浪費を避けて）、すべてにおいて倹約するべきだ。しかし、事の義理は欠かないように心掛けるべきだ」といいます。いわゆる〝もったいない精神〟であり、万事において倹約することの大切さは、わからなくもありません。実際、江戸幕府も、頻繁に倹約令を出していました。

ただ、(O)の言葉を考慮したうえでこれを見ると、「然れども（しかし）」からの後段が、より勘所《かんどころ》に近いように思われます。すなわち、「義理」を欠いてはいけないということが、ここでのポイントでしょう。倹約や節約という言葉は、一見すると便利な言葉です。倹約中であるという建前をもって、様々な手間を省くことができます。しかし、そうあっては元も子もありません。

こうした文言を受けて、本章の冒頭に掲げた「心に錠をかけべし」の文章へと続きます。

再掲すれば次の通りです。

名声を求めたり奢ったりしてはいけないと心掛けていても、人の心は移ろいやすいものなので、心に鍵をかけるべきです。力が及ぶだけ職分に励み、立身しようと覚悟していれば、私の死後、魂が朽ち果てていなければ守護します。筆は卑しいですが、これが私の遺言状です。

もちろん、書き手の戸谷半兵衛も、ここでずっと見てきた心掛けを、忠実に実行するのが難しいことを十分に承知していました。「人の心は移ろいやすいもの」というのは、まさに、そうした事情を示しています。

しかし、だからこそ、「心に錠をかけるべし」と、彼は言っているわけです。

ちなみに、この遺書の末尾は次のような言葉で締めくくられています。

この書浅き事恥ずかしければ、他見有るべからず。親のかたみと思い、五節句には是を読み、猶又《なおまた》、成長に随って善心《ぜんしん》増長し、子孫相続の工夫を致さば、生前の礼儀、死後の追善同前たるべし。

ここに見られるように、末裔には、この遺言を土台に「子孫相続の工夫」をして、「成長」「善心増長」をしていくことを期待していたことがわかります。やはり、右の心掛けが難しいことは、書き手の側も承知のうえだったのでしょう。

さて、私たちは、この膨大な遺言書を抜粋しながら読んできました。あらためて、これらの文章が、きわめて体系的に人生において重要なことを書き連ねたものであることに驚かされます。

本章の冒頭で示したように、戸谷家は全国に名が知られる豪商です。よって、江戸時代の成功者の人生訓として、この遺言を捉えることも可能でしょう。しかし、そこに書かれていることは、ごく常識的なものです。常に奢らず謙虚であることの大切さが強調されているに過ぎません。そうした点からも、戸谷氏が述べる「心」という言葉には、なにか特別な意味が込められていたように思われます。具体的な行為ではなく、「心」の持ちようを諭しているところに、この遺言の意味があるように私は感じます。

第三部　平和な時代を生きること

第七話　「弁才天諸書物、先祖の心願を継ぎ麁末《そまつ》することなく大切に持ち伝うべし」

河岸問屋・後藤善右衛門

日本の各地を旅するとき、いつも驚かされるのは、どこの地域に行っても、立派な神社・仏閣が必ずといっていいほどあることです。数年ほど前、〃パワースポット〃という言葉が注目を集めた時期がありましたが、いうまでもなく、その前提となった〃史跡〃や〃聖地〃

は、長い時間のなかで、様々な紆余曲折《うよきょくせつ》を経て形成されてきたものです。誰かが介在しなければ、〝史跡〟も〝聖地〟も、〝いわくつきの場所〟でさえも、生まれるはずがありません。そう考えれば、江戸時代の庶民に人気を博した幽霊や妖怪の存在こそが、むしろ、それが人智の及ぶ世界であったことを、逆説的に示しているということにもなるのかもしれません。

一方で、人間による都市の開発は、いつの時代も活発です。住宅や商店の入れ替わりは、とても激しい状況にあります。自分が生まれ育った町でも、十年前の姿を思い起こすことはちょっと難しいようにも思います。新しいバイパスができたり、大型のショッピングモールができたり、流行りのお店が進出してきたりと、都市の変化は目まぐるしいものがあります。

そうしたなか、まるでオアシスのように、寺社が山林や鎮守の森を伴い、常にその場所にあり続ける姿は、ちょっと異様に感じます。そうした様子を見ていると、いかに、先人たちが、神仏の存在を敬ってきたのかがよくわかります。地方の集落を歩いていても、お地蔵様や観音様が、昔のままそこに置かれている景色を目にすることがあります。もちろん、撤去されてしまったり、場所を移されたりしてしまう場合も多いでしょうが、それでも土地の人に守られてそこに鎮座し続けている様子は、時に胸を打ちます。

なぜ人びとは、これほどまでに神仏にすがってきたのでしょうか。人智を圧倒するような自然の猛威、あるいは個人の生涯をいとも簡単に翻弄《ほんろう》することがある時代や社会の渦に対する恐怖心によるのでしょうか。

この章では、その一端を考えていきたいと思います。

短すぎる遺言

ここでは、下総国相馬郡布施村（千葉県柏市）の後藤善右衛門《ごとうぜんえもん》らの遺言を見ていくことにしましょう。後藤家は代々、布施村の名主をつとめてきましたが、十八世紀以降は河岸問屋（荷宿）の惣代として活躍します（『千葉県の歴史』資料編 近世6〈下総2〉、二〇〇五年、四六七〜四八〇・五二四〜五四五頁）。河岸問屋というのは、河岸場に舟揚げされる荷物を取り扱う問屋のことです。後藤善右衛門らは、文政三（一八二〇）年、次のような遺書を残しています。

遺状之事

一弁才天諸書物、先祖の心願を継ぎ、麁末《そまつ》することなく大切に持ち伝うべし。尚又《なおまた》人に見さすなど仕《つかまつ》るまじく、右の趣、代々へ申し伝うるべきため、如件、

文政三庚辰年

七月七日

善右衛門

又右衛門（印）

べ　ん

（『千葉県史』資料編　近世5〈下総1〉、二〇〇四年、八六四頁）

〔意訳〕

遺言

一、弁才天に関する書物について、先祖の心願を受け継いで、粗末にすることなく大切に保持しなさい。さらに、他人に見せるようなことはしてはいけません。右のことについて、代々申し伝えてください。以上です。

文政三庚辰年

七月七日

善右衛門

又右衛門（印）

べ　ん

さて、この「遺状《いじょう》」には、前後がありません。これで全文です。これまで紹介してきたものに比べると、なんとも短いものです。しかも、〝弁才天の書物を粗末にせず大切にしなさい〟という、実に味気ない内容です。正直にいって、これだけでは意味するところがよくわかりません。

しかし、短すぎるがゆえにかえってそれが書かれた理由が気になるものではないでしょうか。これから考察していくことにしましょう。

「布施弁天」と後藤家——化政文化と庶民信仰の広がり

まず、ここに記された「弁天」についてですが、これは、今日では〝関東三大弁天の一つ〟と称される有名な弁天様、「布施弁天《ふせべんてん》」のことを指しています。正式には「紅龍山東海寺」というそうです。

布施弁天亀甲山（絵葉書）

現在も人びとの信仰を集める霊験《れいげん》あらたかな「布施弁天」ですが、だからといって、それだけで「弁才天についての書物を大切にしろ！」という遺書が残されていることに合点がいくわけはありません。やはりこの遺言を記した後藤善右衛門にとって、この布施弁天は、なにか特別な存在だったのでしょう。そうした事情のヒントになるのが、同じく『千葉県史』に掲載されている「弁才尊天開基録」（「布施弁天開基・年代記」『千葉県史』前掲、八五二〜八五六頁）という史料です。これは、挟み込まれていたメモから、「弁才天書き物は、公《こう》辺《へん》などへ出し、人と争い事などは決して成さず、また外へ見せ候も同様相成さず、ただ家の控え故、年来持ち伝うべき品に付き、紙を改め写し置き候間、左様《さよう》相心得、大切に所持致すべき事。この三十年の事は、東海寺にもこれなき故、秘すべし」として伝わってきたことが確認できます。

まずは、この記録を参考にしながら、布施弁天の草創の事情を見ていくことにしましょう。次のように、その経緯が説明されています。

一天野左兵衛様御知行所、下総国相馬郡小金領布施郷大井庄布施村《しもうさのくにそうまぐんこがねりょうふせごうおおいしょうふせむら》、弁才天開基《かいき》は、当村に人家を離れたる山あり。廻りに水有りて、形は亀の浮かべるに似たるとて、里人亀甲山と名付けたり。是（絶）景の地にして、弁才天を祭るべきの地なりと思い付き事は、天命至れるなり。天野市郎左衛門様御代、延宝二甲寅年七月七日、後藤又右衛門利広願主にて里人を集め、藁《わら》にて小社を造り、弁才天を祭る。この山は、御地頭所御代々の御林にて、延宝七己未年御林御法度書と申す、惣百性連判帳の中に、亀の甲山の名、明白なり。

これによれば、布施弁天の開基《かいき》は、延宝二（一六七四）年七月七日であったようです。願主は、後藤又右衛門利広という人物であり、彼が、人里離れた亀の浮いたような形状の池（「是景（絶景）の地」）に、里人たちを集め、藁《わら》で小社を造り、弁才天を祀ったことに由来するといいます。つまり、後藤家の又右衛門の思い付きで、この弁才天が創建された事情がうかがえます。ちなみに、右に続く文章のなかに、「別当東海寺祐長と願主利広と心を合わせ、当山に壱本《いっぽん》より四本にわかれたる椿あり。この所に草創の小社を祭る」とあり、当初から別当の東海寺と協力して、この弁才天を草創していったことが確認できます。

ちなみに、弁才天の創建にあたっては、もう一人重要な人物がいます。それが、江戸瀬戸物町の古家与右衛門という人です。又右衛門と与右衛門の出会いは、次のような事情であったといいます。

一天野市郎左衛門様御代、天和二壬戌年、守谷領《もりやりょう》の内四ヶ村と小金領四ヶ村と領境利根川の論これ有り。小金領より出訴奉《たてまつ》る。又右衛門出府逗留中、横山宗元と申す医師と懇意し、この人の引き合いにて、天和三癸亥年正月十六日、江戸瀬戸物町古家与右衛門と申す人に対面して、懇意と成る。誠に不思儀（議）の因縁《いんねん》なり。この人由緒正しく家も富み、その上、信有る人成るゆえに、江戸願主に頼み、弁才天仮御堂建立せん事を議す。

つまり、天和二（一六八二）年の利根川の境争論で江戸に出た際、後藤又右衛門は、横山宗元という医者と「懇意」になったようです。その横山の紹介で、翌三（一六八三）年正月十六日に江戸瀬戸物町の古家与右衛門という人物と面会し、彼とも親しくなったといいます。又右衛門は、これを「誠に不思議の因縁」だと言ったといいますが、その真意はよくわかりません。ただ、この古家与右衛門は、由緒正しき裕福な家の人で、信頼できる人物であったそうです（少なくとも、後藤又右衛門はそう思ったようです）。そこで、弁財天の「江戸願主」になってほしいと頼んだといいます。この古家という人物は、後々までキーパーソンとなってきます。

では、そもそも後藤又右衛門はなぜ、弁才天の開基を思い立ったのでしょうか。もちろん、小さいながらも社殿を造るわけですから、それなりの資本と労力と、リーダーシップが必要となります。かなり生活に余裕がなければできなかったことでしょう。しかし、又右衛門が、この小社を建立した理由はよくわかりません。ただ、一つだけ示されているのは、彼の時代認識が関係していたようです。すなわち、「弁才尊天開基録」には次のようにあります。

一元和歳中、天下泰平目出度《めでたい》御代と成り、この節、当村は内藤外記様御知行所に候処、寛永四丁卯年、天野左兵衛様御知行所に成り、是より二代目に当たりて、天野市郎左衛門様御代、延宝二甲寅歳、予が家にて亀の甲山と云う地に、弁才天を開基す。是は、元和元乙卯年より六十歳目、誠に下万民に至るまで安堵の御代成る故に、かくの如きの心願も成就と心得えるべし。

つまり後藤又右衛門は、延宝二（一六七四）年が、「天下泰平」となった「元和元乙卯年より六十歳目」（元和元〈一六一五〉年から数えて六十年目）であり、「誠に下万民に至るまで安堵の御代」であるから弁才天を開基することができた、とその理由を述べています。もちろん、これはあくまで、「天下泰平の時代だからこそ心願も成就できた」という常套句《じょうとうく》のような意味にとどまるのでしょうが、私はむしろここにこそ、創建の本当の理由が隠れているように感じるのです。すなわち、大坂の陣が終わって六十年、この段階で、後藤又右衛門のような市井に生きた人びとが、「天下泰平」という実感をもっていたことは重要でしょう。いや、後藤又右衛門のような世代だからこそ、自分の暮らしてきた時代がまさに戦乱の時代とは違う平和な時代であることをよく知っていたのかもしれません。「元和歳中、天下泰平目出度御代と成り」というのは、とくに意味をもたないありふれた表現ですが、又右衛門の考え方をよく反映している一文ともいえます。

一方、ここでは、里人を集めて小社を建てている（と説明されている）ことも見逃せません。又右衛門はこれを「天命」だともいっています。さらに彼は、「予が家にて……」といっていますから、この地が自分の土地であることを明示したかった可能性もあります。「この山は、御地頭所御代々の御林にて」（傍線部：一五一頁）とありますから、弁才天を建てることによって、御上《おかみ》から、自分の土地を守ろうとしたのかもしれません。神聖な場所、宗教上というタテマエがあれば、その土地を領主から召し上げられずに済むからです。

では、こうした後藤又右衛門の弁才天草創の記憶を、文化年間（一八〇四〜一八）になってあらためて再確認しようとする動きが生じるのは、どういった事情によるのでしょうか。

直接的な理由については後で考えるとして、その背景の一つに、町人文化が最盛期を迎えた文化・文政年間のいわゆる**化政文化**の動きがあったことは容易に想像されます。この時期は、その前の天明の飢饉や、その後の天保の飢饉の時期と比較して、農村はわりと安定していたといわれています。商人の経済活動の活性化や、庶民文化の発展が見られますが、それは農村との格差の広がりを含意しています。

こうした化政文化は、子沢山の将軍として知られる十一代将軍・大御所（引退した将軍を指します）の**徳川家斉**の存在が、その象徴とされます。将軍（大御所）に子どもが多いということは、それぞれの縁組先や養子先を見つくろい、さらに各大名家においては、将軍家の子息を迎えるために華々しい婚礼などの儀礼を執り行なわなければなりません。こうした動きは、幕府や大名家の財政を圧迫しました。しかしその一方で、経済を活性化させるうえで大きな役割を果たします。

こうしたなか、江戸近郊では身分の垣根を越え、文化人が交流する動きも見られました。それは、歌や俳句などの文化活動に顕著ですが、それだけではありません。たとえば、千住宿では、文化十二年（一八一五）十月、酒合戦が催されました。これは、千住の中屋六右衛門の六十歳の祝いの席でしたが、**亀田鵬斎**《かめだほうさい》や**谷文晁**《たにぶんちょう》、**酒井抱一**《さかいほういつ》など当代一流の文化人も列席しています。江戸東郊におけるこうしたイベントの盛況も、化政文化を象徴するものだったと考えるべきでしょう。

さて、こうした時代状況において、後藤家はどのような対応をとったのでしょうか。次節で考えてみたいと思います。

先祖の心願を受け継ぐこと

さて、私たちはすでに江戸時代の人びとの言葉をいくつか見てきています。そのなかで、江戸時代の人びとが、先祖代々の「家」というものに対して、私たちとは少し異なる観念をもっていたことに気がついた方も多いでしょう。実際に、彼らの遺言のなかでは、個人よりも家の存続を第一に考えているものがほとんどです。これはすなわち、当時は家を存続させることがきわめて難しかったことを示しています。だからこそ、どうやって家を守っていくか、そのノウハウを子孫に伝えることが重要だと考えられたのでしょう。

さて、延宝二（一六七四）年に開基された布施弁天は、その後、何度も開帳（仏像の一般公開）が行われ、盛況をきわめました。一方、後藤家が、それから布施弁天にどのようにかかわってきたのかは、史料でもよくわかりません。とくに宝永年間（一六八八〜一七一一）

に、東海寺が弁才天の地に移ってきてからは、後藤家と布施弁天の関わりはよく見えなくなってきます。

その後、天明から文化年間（一七八一〜一八一八）になると、後藤家の方で、先祖が布施弁天を開基したという由緒を強く語るようになります。開基からおよそ一三〇年を経た文化六（一八〇九）年正月には、後藤・古家両家の間で次のような証書が取り交わされています。

まずは、これを見てみましょう。

取り替わし証書の事

貴殿御先祖又右衛門殿と、我等先祖与右衛門、御懇意に相成り候。御両人心を合わせ、御村内にこれ有り候、往昔《おうじやく》より「亀之甲山」と唱え申し候山林へ改めて安置奉る。弁才天因縁は、貴殿御先祖と相談の上、我等先祖仮御堂建立仕《つかまつ》り、それより段々両先祖心意を合わせ、本堂ならびに諸堂社・客殿・廊下続・使者之間・庫裏、そのほか悉く建立し、大願主・中興開基仕り候えば、本尊日に倍《ばい》し御繁栄これ有り。両家はありがたき神徳加護を請け、信心いよいよ増し、宝永六己丑年三月十五日より江戸開帳、同七年庚寅三月十六日鰭ケ崎東福寺離末、同四月　朔日《ついたち》護持院僧正へ東海寺目見《めみえ》、村役人附添い罷り出る。則ち本末の御契約、追々寺格昇進向き万事滞りなく、両先祖申し合わせ御取り立て申し候儀、相違御座なし。　大弁才天へ誓い、東海寺御代々は申すに及ばず、御村方中承知これ有る儀に御座候。子孫信心仕り、東海寺始め、両家相変わらず御懇意成る事、誠にもって目出度《めでたい》儀に御座候。その後、寛保年中、又右衛門殿御隠居、休語老願主、惣石垣建立す。是御先祖の心篤を失わず、御孝心の至りに御座候。ここにより、御先祖の大心願失わざるのため、(1)今般御家の御書留御持参に付き、我等家の書留写し進《まい》り候。末々子孫信心怠たらず、貴家と我等方とは、御懇意永く致すべき儀に御座候。然るところ、里数も隔ち、年月も立ち候えば、自然御疎遠にも相成るべき事、末々案じ、歎かわしく、(2)たとえば、世の清濁貧福《せいだくひんぷく》に拘わらず、前々の通り、御懇意の事に付き、証書認《したた》め、相互に御尋ね申すに付き、土産物など決して致さず、何事も万事、大弁才天信心仕り、御世話致し候儀にて、全く名聞利養《めいぶんりよう》に相用い候証書にはこれ無し。後藤善右衛門殿御子孫へ、古家与右衛門子孫御疎遠《ごそえん》仕るまじく、永代子孫へ申し伝え、先祖の心願の通り、弁才天御世話懇意に相談をもって仕るべし。偏《ひとえ》に御繁栄祈り奉り候。なお子々孫々へ相残し取り替わす証書、仍《よ》って件《くだん》の如し。

江戸日本橋北瀬戸物町

草創住居

古家与右衛門（印）

政貞（花押）

文化六己巳年正月七日

下総州相馬郡布施村

後藤善右衛門殿

（『千葉県の歴史』資料編 近世5〈下総1〉、二〇〇四年、八六一～八六二頁）

長文ですが、あえて全文を読み下しで引用してみました。これは、とても難しい史料ですので、少し丁寧に解釈していきたいと思います。

まずこの史料は、文化六（一八〇九）年正月七日に、江戸日本橋北瀬戸物町の古家与右衛門政貞という人物から布施村の後藤善右衛門に宛てた「証書」です。どういう内容かというと、傍線部(2)のように「世の中の清濁貧福《せいだくひんぷく》にかかわらず、これまでのように御懇意であり続けることについての証書」というものです。つまり、これは、末代に至るまで両家が仲良くすることを約束した証書ということがわかります。

さらにこれは、古家家から後藤家へと送られたものであることに注目する必要があります。

おそらく、後藤家から古家家にも何らかのアプローチがあったのでしょう。この史料のなかでも、傍線部(1)「今般、御家の御書留を御持参いただいたことで」と言っていますから、後藤・古家両家に伝わる弁才天に関する旧記を見せ合ったことがうかがえます。

この証書の冒頭に見られる布施弁天開基の話が、先ほどの後藤家に残る「弁才尊天開基録」と一致しているのも、おそらくこうした事情によるのでしょう。繰り返しますが、開基より一三〇年以上は経過していますから、普通は情報も錯綜しているでしょう。直接事情を知る人はもう誰もいないはずですから。しかし、それがピタリと合うということは、右の「取り替わし証書の事」を書いた古家政貞が後藤家に伝わる記録を実際に見ていたか、あるいは示し合わせていたと考えるのが自然です。

なお、ここで東海寺と後藤家の関係が気になるところです。実は東海寺の側も、先に触れた布施弁天に対する後藤家の優位性を認めていました。というのも、文化六（一八〇九）年七月七日、別当東海寺連阿が、「開基世話人　善右衛門殿」に宛てて出した文書の冒頭に、はっきりと「当山弁才天は、貴殿御先祖発願主にて、中興御取り立て成され候に付き」と書かれているからです（『千葉県の歴史』資料編　近世5〈下総1〉、八六二頁）。この文書には、「天明元辛丑年までは、代々続いて御世話成され候、これより前々の通り、御先祖の心願を継ぎ、子々孫々までも御世話成さる由、併《あわ》せて代々の様子により中絶仕まつり候義もこれ有るべきの旨申され、この段御尤もに承知致し候」とも記されていますから、あるいは、天明元（一七八一）年以降、後藤家は布施弁天とあまりかかわらなくなっていたのかもしれません。

さらに、後藤善右衛門の側から東海寺に対して、「代々の様子により中絶仕まつり候義もこれあるべきの旨」が伝えられているのも興味深い点です。布施弁天の維持・管理にかかわるには、金銭的な限界もあったのでしょう。

では、この文化から文政期になって、後藤善右衛門があらためて過去の開基の事情について強調し始めた理由は何だったのでしょうか。はっきりとした答えはわかりません。しかし、そうした行動が出てくる背景には、〝昔からの由緒が薄れてきた、このままではいけない〟という認識があったことは間違いないでしょう。おそらく、化政期に布施弁天が大いに盛況となったことに加えて、自身の暮らし自体に、何らかの不安を抱えていたのでしょう。これを知るためには、後藤家に伝わる古文書を検証していく必要があります。

それにしても後藤善右衛門らが、文政三（一八二〇）年の先ほどの遺言状のなかに、「弁才天の書物を大切にしなさい。また、これを人に見せたりしてはいけない。このことを代々伝えていきなさい」とだけ記した理由は、一体どのようなものだったのでしょうか。

この答えを見出すことも難しいでしょうが、私には、常に変化していく時代に対して、変わらないもの、復古的なものを求める後藤善右衛門の切実な気持ちが見え隠れしているように思えます。そして、それは復古的・保守的な動きであると同時に、革新的な蠢動《しゅんどう》でもあったのでしょう。とくに十八世紀後半以降、村の名主をやめ、専ら河岸問屋として活動するようになった後藤善右衛門にとって、先祖が残した布施弁天の存在は、とても重要なものと認識されたのでしょう。そして、その由緒が書かれた弁才天の記録を子孫が保持していくことが、家の存続にとって何よりも大切だということを身に染みて感じていたのだと思います。

いずれにしても、彼の「先祖の心願を受け継ぎ、弁財天の書物を粗末にすることなく大切にしなさい」という言葉には、時代を生き抜くための知恵が表れているように思います。

第八話　「永きいとまごい申したき存念ばかりに候」

百姓・安藤孫左衛門

人生の最期が近づいていると悟ったとき、人はどのようなことを考えるのでしょうか。その答えはおそらく、人それぞれということに尽きるでしょう。あのとき別の道を選んでいたらどうなっていたかと想像する人もいれば、人生でやり残したことを振り返る人もいるでしょう。また、〝死ぬ前にもう一度、誰かに会いたい〟と思う人もいるはずです。

ここでは、八十三歳をむかえ、今まさに余命が残りわずかであることを悟った一人の男性

■十四条村の位置

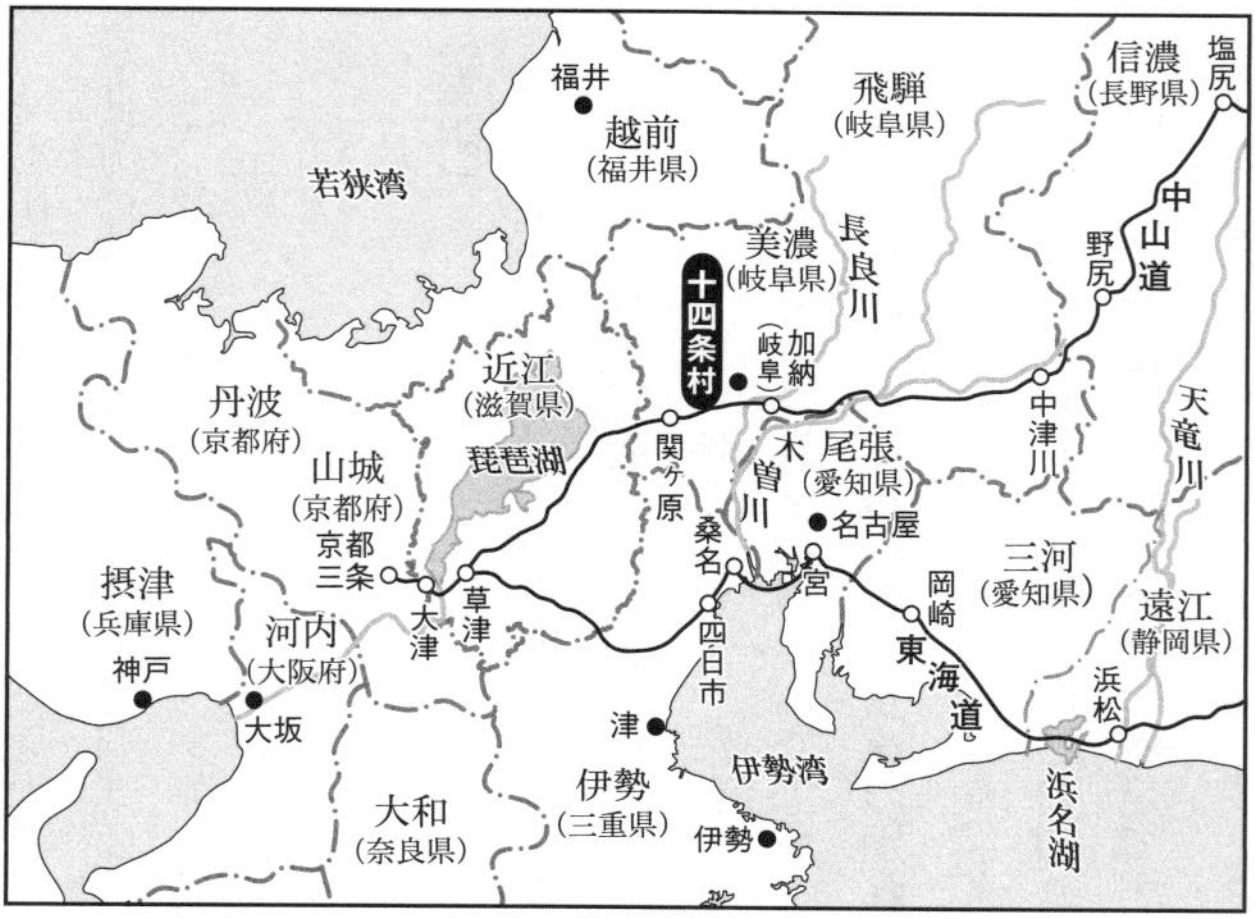

の言葉に注目してみたいと思います。

盃を交わしお別れがしたい

美濃国本《もと》巣《す》郡《ぐん》十四条《じゅうしじょう》村《むら》（現在の岐阜県本巣市十四条）で、八十三歳をむかえた安藤孫《あんどうまご》左衛門《ざえもん》は、次のように遺言を始めています。

左五七・小平・善十郎・権吉この
四人へ暇乞い申し渡す覚
一我等儀、当年八十三歳の今日まで存命、殊のほか草臥《くたび》れ、余命も程なく死に申すべく候。死期は如何様《いかよう》にてか暇請《いとまご》い仕《つかまつ》らざる所存、むなしく成り申すべきと存じ、事々しき様に候えども、右四人へ呼び候て、壱座にて常々の礼をも申し、盃をいたし、永きいとまごい申したき存念ばかりに候。誠にその方《ほう》ども、此方《このほう》の代々相互に先祖より今日まで、魚と水とのごとくなじみ、時々の作りはつをなど、心にかけくれ申さる事、ふかき心入り満足口に申しがたく候、（後略）

（『岐阜県史』史料編　近世8、一九七二年、三三二頁）

〔意訳〕

左五七・小平・善十郎・権吉この四人への別れのあいさつにかえて

一私は当年八十三歳の今日まで存命し、非常にくたびれ、もう余命もわずかで死んでしまうでしょう。死んでしまったらどうやってもいとまごいができないことがむなしく感じられます。事々しいことですが、右の四人を呼んで一堂に会し、普段の御礼でも伝えながら盃を交わして、永遠の別れの言葉を語りたいという思いばかりがつのります。あなたたちと私たちは、本当に先祖代々、今日に至るまで、「魚と水のように」なじみ、その時々の収穫物などの贈り物についても深くお気遣いくださったことについて、言葉に尽くせないほど満足です。

御年八十三歳になった孫左衛門は、近ごろだいぶ「草臥《くたび》れ」、自分に残された余命もわずかであることを悟ったようです。「死んでしまったらどうやってもいとまごいができない」という事実が、「むなしく」感じられます。そして、まさに死期が近づくにつれ、これまで世話になった四人の親戚に対して、別れの言葉を告げたくなったといいます。一堂に会して、酒を酌み交わしたいというわけです。

安藤孫左衛門は、いかなる経緯でこうした心境に至ったのでしょうか。見ていくことにしましょう。

「魚と水のごとく」とは――十八世紀前半の社会

まず、安藤孫左衛門がこの遺書を記したのは、正徳二（一七一二）年十二月十四日のことです。よって、このとき八十三歳という年齢ですから、逆算すると、寛永六（一六二九）年頃の生まれになります。

彼が生まれた十七世紀前半のことを想像してみましょう。このころは、戦国の遺風が、まだまだ色濃く残っていた時代です。社会で活躍する多くの人びとが、戦乱期の様子についてある程度の記憶を共有しています。幼い頃の孫左衛門も、きっと、周りの人から戦国乱世の様子を聞かされたことと思います。とくに、孫左衛門の住む美濃国は、**斎藤道三**や**織田信長**など、今日でも有名な戦国大名が登場した地域です。十四条村も、永禄四（一五六一）年に織田信長と斎藤龍興との間でくりひろげられた**美濃十四条の戦い**の起きた場所として、戦国マニアのなかでは知られています。江戸時代に、この地域で暮らした安藤孫左衛門にとっても、戦国乱世の出来事は、ある程度知るところであったでしょう。

しかし、その一方で現実問題としては、孫左衛門が生きたのは、あくまで〝泰平の世〟でした。たしかに両親の世代、あるいは祖父母の世代は、戦国時代のことをよく知っていたはずですが、孫左衛門は生まれも育ちも〝戦後〟です。そのなかで、彼は八十歳の長寿を得ることができました。その感慨は、一入《ひとしお》だったでしょう。おそらく物心のついた頃は、自分がこれだけ長生きできるとは思っていなかったでしょう。逆に、苦労を重ねて早くに亡くなっていった先祖たちに対して申し訳ないとも思ったかもしれません。

なお、『角川日本地名大辞典21　岐阜県』（一九八〇年）によれば、十四条村は、はじめ加納藩奥平氏領でしたが、幕領を経て寛永十六（一六三九）年から加納藩領となります（村高は六八七石）。明和八（一七七一）年の村明細帳によれば、家数は一〇七軒、人数は四〇五人であり、中山道《なかせんどう》美江寺宿《みえじじゆく》までは一二町ほどで、同宿の助郷《すけごう》もつとめました。それから、これはかなり後の時代の話になりますが、明治二十四（一八九一）年に発生した濃尾地震の際、この地域は、大きな被害を受けることになります（同書、三九八頁）。

江戸時代の前半は、〝元和偃武《げんなえんぶ》〟〝天下泰平〟といっても、地方に生きる人びとにとってそれほど安穏の時代ではありませんでした。たとえば、**寛永の飢饉**がありましたし、各地で村同士の境争論や村落内部での**村方騒動**も頻発しました。江戸に幕府が開かれたといって、平和は、そんなに急に訪れるわけではありません。

さて、孫左衛門は、先に示した遺書の文面のなかで、「誠にその方《ほう》ども、此方《このほう》の代々相互に先祖より今日まで、魚と水とのごとくなじみ、時々の作りはつをなど、心にかけくれ申さる事、ふかき心入り満足口に申しがたく候」と述べていました。「その方ども」というのは複数形であることから、この遺書の宛名である「安藤吉之助」（孫左衛門の孫にあたる?）ではなく、普段世話になった「左五七・小平・善十郎・権吉この四人」のことを指しているのでしょう。ここでの、「魚と水とのごとく」とは、どういう意味だったのでしょうか。

字面から考えてみれば、魚は水がなければ生きることができません。そのことから親密な付き合いのことを指していることはわかります。また、これに続く文章として、「世の習いとは申しながら、此方身代衰え来たり、取廻し何《いずれ》も介抱も成りかね申し候えども、古来の様に何も心替わらず候は感入り太慶び申し候」といいます。つまり、「近頃は、だいぶ衰えてしまったけれども、昔のまま、心変わりもしないでいられることは、大変喜ばしいことだ」というわけです。そして、孫左衛門は、「昔のことを覚えているのは、もう私たちだけだ」といいます。「昔のこと（久しき事）」とは、具体的に何を指しているのでしょうか。孫左衛門は、次のように説明しています。

孫右衛門・與八郎・八郎兵衛、さて只今の平次郎、この四代その内我等も少し預り、平次郎も頓《やが》て吉之助に任せ申すべく候えば、五・六代を見申す拙者に候、覚介・藤吉は男子これ無く跡絶え申す事、残念至極、是非に及ばず候。この四人は子供慥《たし》かに持ち申し候えば、なお行く末、吉之介（助）も相続仕り候わば、したしみ相替わらず繁昌致すべきと存じ候。

孫左衛門は八十三歳の長寿ですので、孫右衛門―與八郎―八郎兵衛―平次郎（現在）までの、実に四代にわたる記憶があります。さらに、孫左衛門自身も一時期、当主となったこともあるようですし、平次郎も「頓《やが》て」家のことは吉之介に任せるようになるそうですから、見方を変えれば、五・六代にわたって家の移り変わりを見てきたことにもなります。

さらに、親戚のなかには覚介・藤吉などのように跡継ぎのいない人もいましたが、「この四人」（左五七・小平・善十郎・権吉のことでしょう）については、家を継ぐべき子どもがいます。よって今後、吉之介が相続したとしても変わることなく繁昌していくでしょう、といいます。

一方、孫左衛門は、これからのことについても考えをめぐらします。続けて次のようにいいます。

何《いずれ》も四人は、いとこ兄弟にて候えば、申すに及ばず、言い合わせ前々の通りに心得申さるべく候。何もが身の上に何事ぞこれ有り候わば、苦労仕る様にと、則ち吉之介にも申し聞かせ置き候。此方に難儀《なんぎ》もこれ有り候わば、身にひきかけ今までの様に心得申さるべく候。気の付き申せず候事御入り候わば、必ず遠慮なく内証《ないしょう》申し聞かせ取まわし申さるべく候。魚と水との様にと申すは、この事に候。

つまり、こちら側に「難儀《なんぎ》」があったときはこれまでと同じように「身にひきかけ」（親身になって、という意味でしょうか）接してください、そして「気がついたことがあったならば、必ず遠慮せずに内証（内緒）に申し聞かせてください」と言い、「『魚と水とのように』というのは、このことです」と説きます。どんなときにも協力し合うこと、なにか問題があれば遠慮なく打ち明けること、これこそが「魚と水とのごとく」という意味だそうです。ここからは、いかに孫左衛門たちがその人生において「苦労」を積み重ねてきたかが、なんとなく伝わってきます。

これはあくまで推測に過ぎませんが、孫左衛門たち五人は、その長い人生において、様々な「苦労」を、ともに協力し合って乗り越えてきたのでしょう。そして、苦しいときに協力し合うことが、厳しい世のなかを渡っていくうえで肝心なことだということを、孫左衛門は悟ったのでしょう。たしかに、どんなに仲の良い友人、ましてや親戚でさえも、何でも包み隠さず心の中まで打ち明けることはなかなかできません。しかしだからこそ、それを乗り越えることが大切だということを伝えたかったのでしょう。

では、こうした認識は一体どこからくるものなのでしょうか。次節でさらに考えてみたいと思います。

「世間の者とは客別に候」

さて、ここまで安藤孫左衛門の遺言を見てきました。ここには書かれていませんが、私は、この遺書の記された正徳二（一七一二）年の美濃周辺の時代状況を、もう一度考え直してみなくてはならないと感じます。というのも、この五年前、宝永四（一七〇七）年には、いわゆる**宝永の大地震**、**富士山の大噴火**がありました。こうした時代の物々しさが、孫左衛門の心境に何らかの影響を及ぼした可能性もあります。

そして孫左衛門は、厳しい状況下で昔のことが次第に忘れ去られていくことに対し、強い危機感を覚えたのでしょう。彼は次のように述べています。

一在郷の習いか人の取まわしの者と申し候えば、外よりいやしめ申す由、承り及び候。余所《よそ》は存ぜず、吉（之）介は、左五七祖父その親彌四郎、拙者少し見覚え候。この者何代以前よりか「松野」と名字を申し、肩衣も着し、刀指し申す所へは、急度《きつと》指し候て、主の名代役も相勤め候と、孫右衛門より某直に承り候。その分心得申さるべく候。左候《さそうら》えば、今の四人衆は彌四郎が流れに候えば、外の世間の者とは客別に候。

さて、右のはじめに「田舎の風習でしょうか、人の取りまわしの者というのは、外からいやしめられてしまうようだ」という文言があります。「人の取りまわしの者」が何を指しているのか具体的にはわかりませんが、地域の習慣によって、「外よりいやしめ」られる（いじめられる）ことがあったようです。これに対して孫左衛門は、他所《よそ》のことは知らないが、「左五七祖父その親彌四郎」（左五七の曽祖父である彌四郎）という人物が、**名字帯刀**《みょうじたいとう》を許され、主人の名代などを務めたこともある立派な人であったことを強調します。そして、四人は、いずれもこの彌四郎の流れであり、「ほかの世間の者とは違い特別なのだ」といいます。

ここで「四人衆」（左五七・小平・善十郎・権吉）が、名字帯刀を許された松野彌四郎とつながりをもっていることがなぜ重要だったのか、少し考えておく必要があると思います。

まず名字帯刀というのは、文字通り名字をもつことと刀を携行することを指し、武士の特権とされていました。八代将軍吉宗によって制定された公事方御定書《くじがたおさだめがき》にも記されているように、百姓の帯刀は許されていませんでした。しかし実際には、裕福な百姓が、領主から特別に名字帯刀を許される場合もありました。ここで登場している松野彌四郎という人もまた、そうであったのでしょう。

それにしても、孫左衛門の言葉が少し引っかかります。すなわち、彼が言う「世間」（「外の世間の者とは客別」）とは、どういう意味だったのでしょうか。よく知られていることですが、ドイツ中世史を専門とされた歴史学者の阿部謹也氏は、西欧と日本の比較から、日本社会の特質として、「世間」というものに着目しました（『「世間」とは何か』講談社現代新書、一九九五年）。私は、ここで孫左衛門がいう「世間」という言葉にも、阿部氏がかつて指摘したような、ある種の重みを感じずにはいられません。きっと、孫左衛門がいったような、自分の家は「客別（格別）」だという意識は、この時代を生きていくうえでは欠かせないものだったのでしょう。孫左衛門は、この遺書の最後を次のように締めくくっています。

一頃日内所《けいじつないしょ》にて尋ね候えば、何《いずれ》もの女房ども事、朔日・十五日・廿八日の礼、前々勤め候様にはこれ無く候由、急度《きっと》改め申すにはこれ無し。礼を後々忘れ申すべく候。響《ひびかわ》しき節は参らず候わば、後日の次いでに断り申すべく候。是には、この方も身代衰え候故、むかしを忘れ候かと心のひがみ出来申し候えば、必ず「君臣不和」とか申す様に成り申すべく候。その方どもの母ども勤め申す様は、何か覚え申さる事に候。

このほか麻蒔《あさまき》・麻はぎ・田うへ（植え）・暮の米つき（搗き）などこれ有る事は、跡々爾今《じこん》勤め候えども、世も衰《おとろえ》候えば、忘れさえ致されず候えば、時々宜しく相談づくなるべき候や。子細らしく候えども、我等暇乞いと存じ呼び申し候。この書付《かきつけ》、吉之介に相渡し置き申し候。以上。

八十三歳　安藤孫左衛門（花押）

宅直

正徳弐年

壬辰極月《ごくげつ》十四日ノ夕申談候

安藤吉之助殿

孫左衛門の遺言は、本書で紹介してきたほかの例と比べると短い部類に入ると思います。そして、多くの遺書では子孫に対して教訓を残そうとするのに対し、こちらは何だか違和感があります。孫左衛門が、伝えようとしているものの中核がなかなか見えてこないからです。しかし、「跡々爾今《じこん》勤め候えども、世も衰《おとろえ》候えば、忘れさえ致されず候えば、時々宜しく相談づくなるべき候や」という言葉のなかに見える未来への危機感（「世も衰候えば」）は、注目すべきポイントです。そこには、この文書を託された吉之介に対するメッセージも含まれていたと思われます。

そもそも四人を呼び寄せるだけならば、このような書付を残す必要もありません。それをあえて吉之介を介して伝えようとしたのには、彼への思いもあったからと考えるべきです。

だからこそ、本章冒頭の「当年八十三歳の今日まで存命し、非常にくたびれ、もう余命もわずかで死んでしまうでしょう。死んでしまったらどうやってもいとまごいができないことがむなしく感じられます。事々しいことですが、右の四人を呼んで一堂に会し、普段の御礼でも伝えながら盃を交わして、永遠の別れの言葉を語りたいという思いばかりがつのります」という言葉が出てきたのでしょう。この言葉は、老境に至り、昔のことについて雑談したいという単純な意味ではなかったように思います。むしろ、自分の死んだ後の未来に対する危惧がここにはうかがえます。

平和な時代を生きた孫左衛門が最期に抱いていた本心は、結局、どういうものだったのでしょうか。興味が尽きないところです。

第九話　「天下泰平を悦ぶべき事」

廻船問屋・間瀬屋佐右衛門

もし仮に、歴史を〝戦争の時代〟と〝平和の時代〟に二分できるとしたら、皆さんはどちらの時代に住みたいと思うでしょうか。もちろん、ほとんどの人は、後者を選択するでしょう。戦争の怖さや苦しさ、醜さや悲惨さは、誰しも知っていることですから、それを自ら望むことは通常では考えられません。

アジア太平洋戦争の終戦から、すでに七十四年が経過しています。その間、日本は、確実に平和な時代を歩んできました。しかし、そのなかでも様々な社会問題が浮上し、時には眼を覆いたくなるような事件もありました。信じられない出来事がある日、突然、私たちに降りかかることがあります。そのとき、私たちの内面は、強烈な苦しみや悲しみ、得体のしれない不安や恐怖に襲われます。

仮に戦争を生きてきた人たちに、「君たちは、恵まれた時代に生まれた。だから、もっと頑張れるはずだ」と言われたとしても、それはどこか的外れのような気もします。この社会には、幸せな人もそうでない人もいる、今日幸せな人が明日幸せであるとも限らない、そうした現実を私たちはみんな知っています。

では、平和な時代を力強く生きていくために必要な心構えとはどんなものでしょうか。その答えの一つを、引き続き〝泰平の世〟といわれた江戸時代のなかに求めていきたいと思います。

現在も知られる実業家

すでに何度も触れてきたように、江戸時代は〝天下泰平〟の世の中です。これは、当時の人びとが持ち合わせていた、ある程度、共通した認識でもあったようです。たとえば、有名な「慶安《けいあん》の御触書《おふれがき》」（慶安期〈一六四八〜五二〉よりも後に出されたものであるというのが通説になっています）のなかにも、「天下泰平之御代なれば、脇よりおさえとる者もこれ無し」（『新版　史料による日本の歩み　近世編』児玉幸多ほか編、吉川弘文館、一九九六年、五八頁）という文言があります。天下泰平の時代なので突然横取りされることもないでしょうといった意味ですが、とくに十八世紀以降、平和のなかで暮らすことに慣れてしまった多くの人びとにとって、戦乱は遥か遠い世界の物語に過ぎなくなりました。

新潟で廻船問屋を営んでいた間瀬屋佐右衛門《まぜやさえもん》が、天保五（一八三四）年に書き残したとされる遺書のなかにも、次のようなものがあります。

目　録

一、天下泰平を悦ぶべき事。付《つけたり》、一揆騒動の事

一、御地頭様の御恩を知るべき事

一、後生心掛の者、格別御国恩を知るべき事

一、難渋者不心得を改め申すべき事

一、金持の者貧の人を手当致すべき事

一、金持金銭を遣う事知るべき事
一、御上様《おんうえさま》より仰付られ候事、実意に致すべき事
　以上七ケ条
（『新潟市史』資料編2　近世1、一九九〇年、六七五頁）

右は、間瀬屋が記した膨大な遺言の冒頭にある目録ですが、その第一番に、「天下泰平を悦ぶべき事」が掲げられています。次の「御地頭様の御恩を知るべき事」よりも先にこれを掲げた理由は何だったのでしょうか。よく注意すると、ここには「付《つけたり》、一揆騒動の事」という一言もあります。おそらく、このあたりがヒントになるのでしょう。

間瀬屋は廻船問屋を営んでいた家です。実は、間瀬屋佐右衛門は実業家として現在でもよく知られています。株式会社新潟ビルサービスのホームページにも「間瀬屋の歴史」が、年表形式で詳しく掲載されています（http://niigata-bs.co.jp/01-4mazeya.html）。これによると、四代目間瀬屋佐右衛門は天保六（一八三五）年に亡くなっていることがわかります。

ここでは、有名な実業家の一人である間瀬屋佐右衛門の遺書に秘められた時代背景について考えてみることにしましょう。

民衆運動の時代

早速、遺書の中身に入っていきたいと思います。冒頭に掲げた「目録」の第一に挙げられている「天下泰平を悦ぶべき事」について、間瀬屋佐右衛門は、長文で説明してくれています。書き出しは次のようになっています。

御当代二百年も御治世相続、むかしの乱世軍戦《いくさ》いの物語は、芝居・軍書などを見楽しみ、慰みといたし、騒がしき事の香りもない時に生合《うまれあい》たる事、末代の仕合わせ悦ぶべきなり。

右の文章は読み下してありますが、ほぼ原文に近いものです。意味しているところはとてもわかりやすいと思います。「徳川の時代になって二百年。今や戦国の乱世のことは、芝居や軍書などで楽しむだけになっている。騒がしいことのないこの時代に生まれて、なんて幸せなんだ」といったことでしょう。ここまではタイトルの通りです。しかし問題は、これに続く次の文章です。

現に四年以前、天保元寅年十月廿九日夜、米高直（値）に付き、町中の者おこり立ち、夜五つ前より寺々の鐘をつきたて、銘々、棒・鳶口の類を持ち、一建《ひとたて》に弐三百人ずつ押し来り。家々の戸しとみをたたき破り、弐十余軒の家蔵をこわし、鯨波の声を上げ幾だてという数も知らず、大勢のあばれまわる有り様、一生になき心配致し、家内中がぶるぶる致し、飯汁などを焚き出し、外《そと》に奉公人、出入の者、高田酒を四つ五つもかがみはなし、一揆の者をもてなし、我は仏様の御供申し、島の大西へ逃げ行く。倅《せがれ》は有り合わせの金証文箱持参して勝楽寺へ行き、わずか一晩の騒動なれども心を苦しめし事たとえかたなし。然れども、当家は無難にて、夜明少しは心やすまり。

これも平易な文体で書かれていますが、じっくりと内容を見ていきましょう。四年前の天保元（一八三〇）年十月に起きた打ちこわし（新潟町騒動）の話です。米の値段が高騰したことに狂気した人びとが、二百人から三百人の徒党を組んで、裕福な家をターゲットに打ちこわしを起こしました。

佐右衛門にとって、大勢が暴れまわる様子は、まさに「一生になき心配」だったでしょう。

「家内中がぶるぶる致し」という表現も、臨場感をもって伝わってきます。間瀬屋佐右衛門家では、一揆の者たちに高田酒を振る舞ったとあります。またその間、佐右衛門自身は他所へ避難し、長男もあり合わせの金子《きんす》証文の入った箱を持って勝楽寺へと逃げたようです。打ちこわしの際に、お寺に逃げ込むことはよくありました。いわゆる**アジール**（避難所）です。間瀬屋にとって、これは一晩だけの体験ではありましたが、「心を苦しめたことは、たとえようがない」といいます。この気持ちはよくわかります。

これを読むと、「天下泰平を悦ぶべき事」という言葉はとても当たりません。佐右衛門は、さらにこのときの様子を克明に述べていきます。

翌晦日朝、岩瀬屋仁左衛門来る。今晩も相残りの分こわし申すべきと一同相談決し候わば、今夜の事心もとなし。今日中、下町難渋の者へ手当て致し候事然るべしと申され、新助、大工三九郎に申し付け、貧乏の者へ心付けとして、凡《およそ》銭百貫文ばかり差し出す。さて、こわし方の家々へ進物持たせ、高橋三市始め見舞い候所、誠に誠にはき溜山の如し。いたわしき諸道具をたたきこわし、着類端物《たんもの》などを引きさき、家建具・釜・瀬戸物までを打ちこわし、目もあてられぬ次第なり。昼《ひる》の中《うち》も、寺の鐘をつき、いろいろ取り沙汰致し、よんどころなく蔵より着物を出し、小路の借家に誂い、この夜即得寺、圓應寺の御両僧を相頼み、夜四つ過ぎまで御居懸りに候えども、この夕昼の内より御役所より御手当もこれ有り候や。是切《これつきり》にて騒動も相済み、それより後、御城下より御《お》侍衆《さむらいしゅう》大勢御下り御糺《ただ》しの上、一揆の頭取らしき者ども、毎日からめとられ長岡へひかれ、獄《ろう》屋に入れ御吟味を請け候えども、御当君様格別に御仁信深くましまし候ゆえ、三四十人の内《うち》死罪壱人もなし。

どうでしょうか。間瀬屋佐右衛門の観察眼と文章力の高さを感じさせる記録です。打ちこわしが今晩も起こるだろうという話を耳にしたときの、佐右衛門の「心許ない」（不安な）気持ちや、必死に「貧乏の者」へ心づけとして銭を配る様子など、実に臨場感にあふれています。「誠に誠にはき溜山の如し。いたわしき諸道具をたたきこわし、着類端物などを引きさき、家建具・釜・瀬戸物までを打ちこわし、目もあてられぬ次第なり」という打ちこわしの散々たる様子がありありと伝わってきます。

また、同時に佐右衛門は、領主が一人も死罪にしなかったことを「格別に御仁信深くましまし候」と述べています。これが、本心からくるものであったのか、あるいは厳しい裁きを与えられない領主に対する皮肉を込めたものであったのかは、気になるところです（わざわざ「ましまし」という最高敬語を使っているので推して知るべしですが）。ともかく佐右衛門の心のなかが、読み手の私たちにひしひしと伝わってきます。

さて、こうした状況について、佐右衛門は、「か様なる大変が四五日も続くなれば、夜の目もね（寝）ずに辛労致し、よわ（弱）り死するより外に手段なし」（このような大変な事態が四、五日も続いたのでは、夜も眠れずに疲れ果てて衰弱死してしまう）とも述べています。この打ちこわしの経験は、佐右衛門にとって相当辛いものであったのでしょう。これを考えると、とても「天下泰平」だなんて言えません。佐右衛門が「天下泰平」というときは、皮肉が込められているように思えてきます。

しかし、佐右衛門は、すかさず次のように力説します。長文にわたりますが、とても印象深い文章なので、しばし佐右衛門の言葉に耳を傾けることにしましょう。

かかる稀《まれ》なる難事なれども、昔の乱世などの事から思いめぐらせば、町人百姓などの一揆騒動は物の数にもならず。その故は、人の命もとらず、火も懸けず、出家があやまりわびれば、一揆の者、了簡《りようけん》して、乱れ入らず。古《いにし》えの軍《いくさ》有る時節は、敵国より押し寄せ、人は皆殺し、町家神社方まで焼き払い、諸人朝夕少しの間も心やすまらず、不仕合わせの人はその時節に生まれあわせ、死ぬるまで息する間もなく苦しむなり。昼夜の分かちもなく、鯨波《とき》の声をあげ、大筒・鉄砲・矢・叫びの声を聞き、今日はどうなるか、明日は何となると、毎日毎夜渡世家業も出来ず、憐れというもおろかなり。

（中略）

これより、町人百姓などは難儀迷惑限りなし。然るに、今、泰平の御世に出《で》かけし者、仕合わせ（幸せ）をよろこばず、不作で高い米にて暮《くら》されぬ、世の中が悪い、人気《じんき》が衰えたと不足いうは、誠に誠に勿体なき事なり。米が高直（値）なればとて、犬猫でも食わずに死ぬるものなく、今時の貧乏は過去の因果もあれども、大方《おおかた》は人間に生まれながら、道を知らず、横道《よこみち》を渡り、天利に背く故、難渋致す者多く有るなり。天下泰平の時節に生まれ、家業なれば、日本中へ掛け廻りても、女や盲人が騒いでも差し支えなく結構な内なり。それに食われぬの呑《のま》れぬというは、皆己《おの》が働かず、心底の悪しき故なり。かせぐに追つぐ貧乏なしともあり。難渋ならば、いよいよ下手《したて》になり、上みたる人を敬い、諸事おとなしく心を持つべし。人に憎まれぬ者は、食わずに死ぬる様な事なし。然らば静謐《せいひつ》の世に逢うた幸い嬉しく思い、子供や老人を家に残し、他行しても指手《ゆびて》もさす者のない、珍しき割のよい時分なれば、いよいよ家業大切に致し、王法を守り、五輪(倫)五常の道を大切に相心得、大公儀よりの御法度に背かず、御地頭様の深き御厚恩をわすれず、御上《おかみ》の御苦労にならざる様、一生心掛けるべし。さて御国恩よろこばねばならぬ故、祝儀事婚礼の席にて、四海波の謡《うたい》をうたう、初よりおわり君の恵ぞありがたきというまで、天下泰平を一家親類寄あうて悦ぶ事なり。乱世の時節ならば、嫁聟取《とり》遣《やり》なども出来まいに、この様なよき時節に祝儀を心遣えなく調《ととの》え候事、御治世の御蔭《おかげ》なり。

引用が長くなってしまいましたが、これは佐右衛門自身の気持ちが、ダイレクトに伝わってくる文章です。前段で佐右衛門は、町人や百姓の一揆騒動なんて、戦国乱世の時代に比べたら「物の数にもならない」と断言します。なぜなら、戦乱の世のなかでは、人は皆殺し、町家神社は焼き払われてしまい、心の休まる時間など到底あり得ません。いわば、「今日はどうなるか明日はどうなるかと、日々の家業もできない」状態です。

それに対して、この時代の一揆は、人の命もとらず、火をかけることもなく、出家(僧侶)が謝り詫びを入れれば、一揆の者たちはおとなしくなります。そう考えると、やっぱり、この時代は〝天下泰平の御世〟なんだな、と実感することでしょう。

この文章は、江戸時代を生きた人物の戦国時代に対する観念（常識）を知ることができる史料として注目されるでしょう。十九世紀の前半になると、戦国乱世についての知識が、ほぼ今日の私たちと大差なくなってきます（もっとも、近年のとくに若者の戦国時代に対するイメージは、だいぶ変わってきているようにも思いますが……）。ただ、ここで注目すべきは、佐右衛門自身が生きていた、まさに同時代の社会に対する痛烈な批判意識でしょう。

彼は、「今、泰平の御世に生まれた者たちは、その幸せをよろこばず、『不作で米の値段が高くなって暮らすことができない』だの、『世の中が悪い』『人気が衰えた』などと不満を言うのは、本当にもったいないことである」（傍線部）といいます。

現状を変えようともせずに、ただ不平や不満だけを口にしている者たちに対する痛烈な批判。それが、この言葉のなかに込められています。それはもちろん、先述している一揆に参加した者たちへの批判であったでしょうが、ここに彼が一番伝えたいことがあるように私は感じます。

間瀬屋のこうした認識は、ある意味で必然的に、領主（「御地頭様」）を敬うことの大切さへとつながっていきます。これが、本章の冒頭で掲げた「目録」の二つ目にある「御地頭様の御恩を知るべき事」ということです。ここでも、佐右衛門の脳裏には、例の一揆のことがありました。すなわち次のようにいいます。

また御慈悲を知りながら、米が高いというて騒動をおこす。わずか一夜なれども、御上《おかみ》の御威光が少し隠ると、一揆の者犬猫の喰い合いも同じ事つよい者勝《かち》、もし御上があるまいならば、如何《いか》なる心気になるもしれぬ。

一揆の者に対する恨みは、この遺書の随所に散見します。目録で四つ目の「難渋者不心得を改め申すべき事」（本文では「貧乏者心得置くべき事」）では、「重恩の請し御地頭様への大不忠、極上の罪人中間（仲間）になるなり」といった辛辣な言葉で一揆に参加した者たちを批判しています。さらに、次のように言います（意訳）。「騒動の四年先のことについて思い知るがいい。一揆の者たちは、思いのままに打ちこわしをしたことによって、どれほど自分たちの身に損がまわるか。御上《おかみ》に捕まった者もいる。たとえ逃れることができたとしても、打ちこわしに参加した者たちの不安は消えない。金持ちたちを騒がせたために、その後、粥の手当をしてくれと言ってきたとしても、打ちこわしに遭った連中は、米銭一文も出す気は

■百姓一揆件数の推移

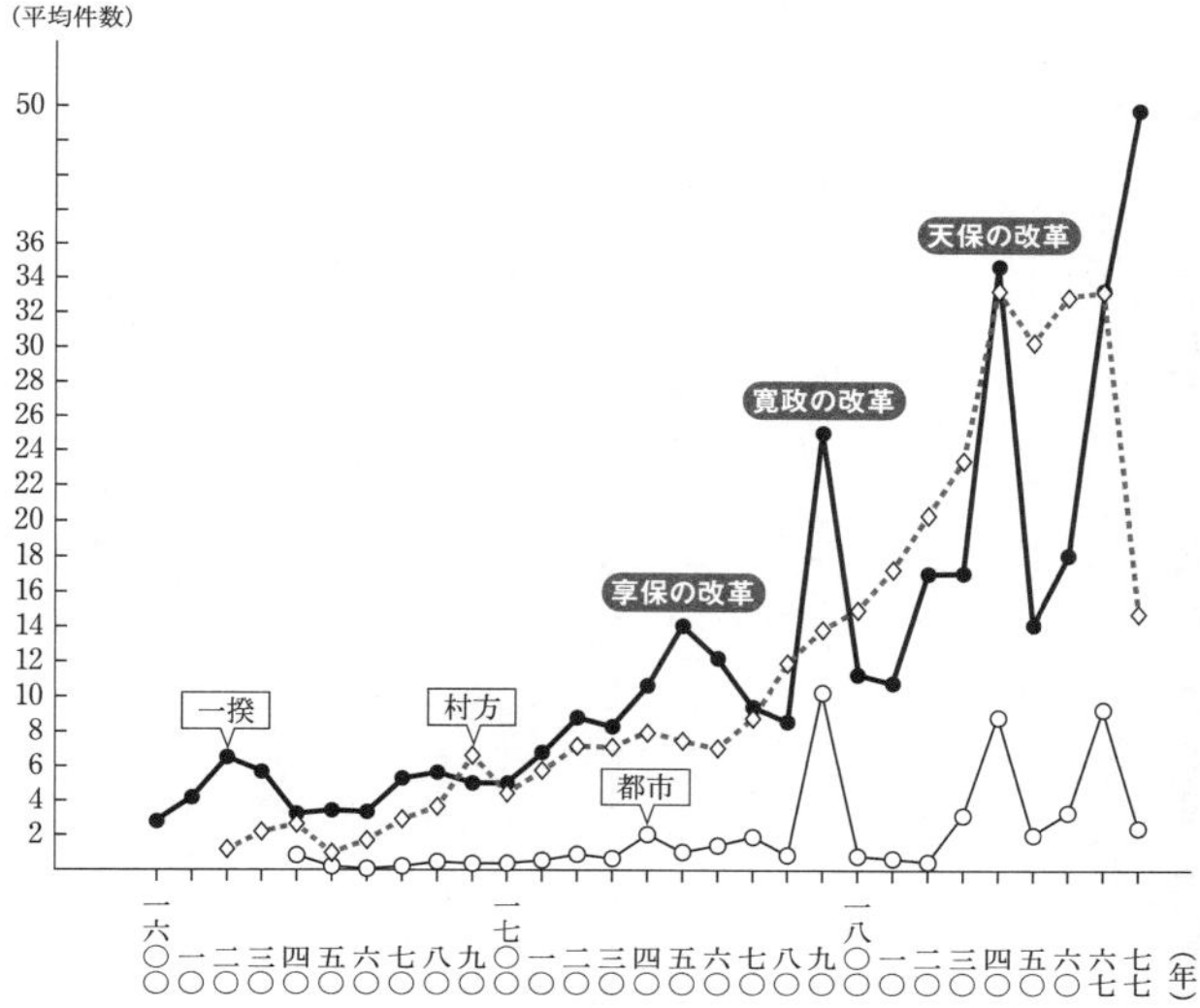

（青木虹二『百姓一揆総合年表』三一書房、1971年、p.36より）

ないだろう。一揆に参加した者たちを恨んでいるからだ。金持ちを痛めつけることは、米櫃《こめびつ》を勘当するのと一緒だ」というわけです。これも、まっとうな主張でしょう。

普通に日本史を勉強してきた私たちは、**百姓一揆**や**打ちこわし**と聞くと、どうしても弱い立場に置かれていた民衆の側を応援してしまいます。領主の苛酷な搾取に対して異を唱える民衆運動として、手放しにそれらを高く評価しがちです。もちろん、そうした側面もあったでしょう。そうした立場からすれば、佐右衛門の言葉も、所詮は上流階級による下流を見下した発言として非難されるかもしれません。

とくに、佐右衛門がこの遺書を残した三年後の天保八（一八三七）年には、大坂で**大塩平八郎の乱**が起きています。これは、大坂町奉行所の元与力の大塩平八郎とその門人らが決起したものでしたが、このころは**天保の飢饉**の影響もあって、各地で大規模な百姓一揆が相次ぎました。新潟での騒動とそれに対する佐右衛門の反応も、こうした日本史の大きな一幕のなかに組み込まれるものでしょう。つまり、佐右衛門の発言は、打ちこわしのターゲットにされた金持ち（ブルジョワジー）の側の「言い分」に過ぎません。ただ、間瀬屋佐右衛門は、この一連の一揆騒動を通じて人生において大切なものはなにかを悟ったように感じられます。次節でさらに遺言を読み進めていきましょう。

平和の時代をどう生きるか？

ここまで、間瀬屋佐右衛門がなぜ「天下泰平を悦べ」というのかについて考えてきました。どうも、その背景には、新潟町で起きた打ちこわしの経験があるということもわかってきました。こうしたカオスを目の当たりにした彼は、御上《おかみ》を敬うことの大切さを身に染みて感じたのでしょう。そして、これは仏法に対する認識へとつながっていきます。目録の三つ目に挙げられていた「後生心掛の者、格別御国恩を知るべき事」です。
このなかで、間瀬屋はある問いを投げかけます。もし町に寺がなかったら、人びとも志と称して金をせびられることもないし、不作の年も安心なはずです。しかし、不作だからといって、領主は「寺への御仏供米をやめろ」とはいいません。これはなぜなのかと間瀬屋は問い、「後生の一大事をよく大切に遊せらるる故なり」と主張します。そして、次のようにユーモラスに語っています。

たとえば、店をひらき、品物をかざりおくは売るため、大きなる寺を建ておかせらるるは、町中の者に未来生死の迷いをはなれ、仏果《ぶつか》をうるためなり。それに寺へも参らず、仏法を禁《きら》う様な者が多く有るなり。こんな者が御上様《おんうえさま》の思し召しに叶うものか。よくよく思い知るべし。これほどの広太の御恩を脇にして、悪所に落ちる者は、その身の損なればよんどころなし。さて、仏法が有りても、その国の御領主の御信厚がないと退転するなり。それゆえに御殿様を外護の知職と申すなり。

「たとえば、店を開いて品物を飾っておくのは売るためである。同じように、大きな寺を建てておくことは、町中の者たちが修行の成果を得るためである。ところが仏法をきらう者が多い。こんな者が上様の思し召しにかなうわけがない！」というわけです。これは実に興味深い意見です。間瀬屋佐右衛門の考えは、「仏法」と「王法」（世俗の法）の併存と調和を重視する、いわゆる中世の「仏法王法相依論《ぶっぽうおうほうそういろん》」と呼ばれるものですが、佐右衛門のような江戸時代の豪商が、こうした認識を持ち合わせていることは、とても興味深く感じられます。

また、佐右衛門は、お金についても面白いことをいっています。すなわち、「当町でも目立ち候金持といわるるように成ると、元来諸人のほしがる宝を持つ故、兎角人が妬《ねた》み誇《そし》るは尤《もっと》もなれども、結構なる親玉の金を所持致し、人に悪く言わるるは、誠に妙薬を持ちながら死ぬる同前なり」といいます。金持ちになると当然、周りから妬まれ、悪く言われるようになる、これが問題だと述べています。それでは、お金などいらない、金持ちにはならない方がいいのかというと、間瀬屋の考えは違います。つまり、次のようにいいます。

金銭は、世界一番の宝にして、人間の道を守るに是非なければならぬ故、家業精出しその身も倹約を致し、金銭を儲け溜るなり。その道を守るというは、上を敬い、下もあわれむ事、さて道のために金を遣うと金の徳があらわれ、誠の光を出すなり。不作で米が高い故、難渋者がくらしかね、渇命《かつめい》に及ぶ様なる時、慈悲心より粥を焚き出し、大勢の者に悦ばせ、御上様の御心を安《やすん》じ、諸人によく言われ、これほどの光り徳は有るまじ。

まず、「金銭は世界一番の宝だ」――どこかで聞いた言葉ですが――といったうえで、「人間の道を守る」ことの大切さを説きます。不作で困っている者たちに粥の焚き出しをするといった具体的な話が挙げられています。ここでも、例の一揆騒動が念頭にあったのでしょう。

こうした間瀬屋の金銭に対する哲学は、子孫に対する次のような結論に至ります。さらに、彼の言葉を聞いてみましょう。

大方の人、金を溜め、我が身も楽し、子孫もふびん故、一生の間辛労難義を致し、過分の金を残し死に行けども、二代はその時の身代《しんだい》のよいのが仇《あだ》となり、渡世も励まず、寺町の古町のと駆け巡り、家内をやかましく致し、親類までなど難儀をかけ、諸人は相手にせず、己が身はかさひぜんと（？）病身になり、親の溜め置きし金は、年々雪霜のとける様に、次第次第に難義になり、勘当を請け、年寄るにしたがい後悔致す者、当所などに沢山有るなり。身代のわるく成るも、過去の約束もあれども、多くは親が道に背き、儲け溜めた金故に、筋が悪い故、子孫のためにも家のためにもならず。かえって子のために仇敵《あだかた》きになるなり。

金持ちの人は、子孫に苦労をさせないように、過分の金銭を残して亡くなっていく場合が多くあります。しかし、そのことがかえって、家業に励む姿勢を失わせ、結局は、子孫を困らせることにつながるということです。そのために、佐右衛門が存命のうちから、子どもたちは、自身の「身代《しんだい》」をしっかりと認識し、精一杯に家業につとめるように諭します。

間瀬屋佐右衛門は、遺書の最後を「梧窓漫筆抜書《ごそうまんぴつぬきがき》　錦城先生著」を引用・参考にしたうえで、次のように結んでいます。

一、人智力《ひとちりき》を奮《ふる》うて、天下の事皆智力にてなすべしと思えり。笑うべき事なり。臨終の日に至りて、今一日生き延びんと思うとも、天の許さざれば半時も生き延びる事あたわず。吾この一身さえ自由になる者にあらずして、天の有スル所ナリ。いわんや外物《がいぶつ》に於《お》いてをや。天にまかせ命《めい》にまかせずんば、あるべからず。

他門六之町

ここで彼が「天」というとき、一体、何を意味しているのでしょう。詳しくはわかりませんが、佐右衛門が最終的に、「人間は、自分の命すら自由にはできない、まして自分以外の物事は尚更だ」という認識に至っていたことがわかります。

間瀬屋佐右衛門が、なぜ、「御上（御地頭様）」を敬うことの大切さを強調するのか、天下泰平を悦ぶべき事を主張するのかは、これで何となくわかってきたような気もします。天保五（一八三四）年という時代によるところも大きかったでしょう。あるいは、もう少し後の時代、ペリーの来航を経て幕末の混乱期に入ると、また認識も変わってきたかもしれません。

ただ、間瀬屋佐右衛門のこの浩瀚《こうかん》な遺書からは、人生についての様々な思案の足跡がうかがえます。領主を敬うことの大切さも、ここで見た打ちこわしだけではなく、豊富な人生経験から生まれてきたものだったのでしょう。

その本質については、やはり周辺の史料をもっと探索し、分析していく必要がありますが、本書ではここまでにしておきましょう。

第四部　死後の世界を考えること

第十話　「無理に見よと云うにはあらず。極楽望むの者は読むべし」　農政家・田村吉茂

私たちは、人生をどう生きるべきなのでしょうか。理想の人生とはどのようなものなのでしょうか。

それを知るには、歴史のなかでそれなりの功績を残した偉人の言動に注目するのも一つの手段です。江戸時代の年長者たちは、その長い人生経験のなかで様々な思想を生みだしてきました。そのなかには後世に名を残す偉人もいますし、あるいはほとんど無名の人もいます。

そもそも、誰であれ人生のなかで幾多の困難に直面し、それを乗り越えた経験を持っています。そこから得たものを愛すべき自分たちの子孫に伝えたいと強く願い、胸中の考えを遺言に込めました。いわば、次世代へのタイムカプセルとして。

ここで紹介する遺言も、その一つに数えられるものでしょう。農政家として知られた田村《たむら》吉茂《よししげ》という人物による遺書を取り上げたいと思います。

極楽へ行くなら読書せよ

江戸時代後半から明治初期までを生きた、下野国下蒲生村《しもつけのくにしもがもう》（現在の栃木県上三川町《かみのかわ》）出身の田村仁左衛門吉茂《たむらにざえもんよししげ》は、次のように述べています。

仮名物語　一冊　　冥加訓　八冊
養生訓　四冊　　水野南北先生　相法極意抜書《そうほうごくいぬきがき》　四冊
……（中略）……
右に記す書物も子孫の者に読ませせんと記し置くは、子孫欲に留るといえども、左《さ》にあらず。人たる道へ指をさすのみなり。気に入らぬ者は、自人外《ほか》を好むは詮方《せんかた》なし。無理に見よと云うにはあらず。極楽望むの者は読むべし。また外様へも御目に掛けん云うにもあらねども、吾れ世間を見る六七十くらいで老衰いたされて、二便の度を失う人も間々《まま》多し。吾も同様なれば、気ばかりたしかなる気でも、七十余に及び、ことに元より読み書き嫌い、何に一つとして取りどころもなき者が、人たる道を書いた気で、狢《むじな》や猫又の道でも書いたも知れませんが、御らん下され、一座の大笑いを希むのみ

文久三癸亥正月　田村吉茂

行年七十四才

(『栃木県史』資料編　近世8、一九七七年、七七七頁)

〔意訳〕

仮名物語　一冊　冥加訓　八冊

養生訓　四冊　水野南北先生　相法極意抜書　四冊

……(中略)……

右の書物について、子孫に読まそうとして記したのは、ただ「子孫欲」(子煩悩)でし

かないと思うかもしれないが、そうじゃない。「人たる道」について指でそれを示しただけだ。気に入らない者、考え方が違う者はしょうがない。無理して見よと言うのではない。極楽に行きたい者は読みなさい。また、よそ様にも御目に掛けよというわけでもない。世間を見わたすと、六十歳や七十歳くらいで老衰してしまい、用足しもままならない人が多い。私も同様だ。気持ちばかり達者な気でいても、もう七十歳を過ぎた。元々読み書きは嫌いだし、なに一つとして取り柄もない。そんな人間が、「人たる道」を書いたつもりで、狢《むじな》や化け猫の道でも書いてしまったかも知れん。御覧いただき、みんなで大笑いをしていただければ結構だ。

文久三癸亥正月

田村吉茂

行年七十四歳

これは田村吉茂の「子孫訓」のほんの一部ですが、極楽へ行く方法として、子孫に対して、読書を勧めていることがわかります。

死後の世界を想像することは、誰しも一度は経験することでしょう。〝地獄〟と〝極楽〟

という伝統的な概念は子どもの頃に身につけます。しかし、当たり前ですが、死というものは誰も経験したことのないものです。当然、極楽や地獄を見た人はいません。とくに、現在の日本人の多くは、死を〝無〟だと認識しているようです。命はかけがえのない一度きりのものであり、〝あの世〟などは存在しないと思っている人も多いのではないでしょうか。その根本には、人とそれ以外の動物の生と死を共通のものと捉える科学的な思考があります。

一方で江戸時代末期、田村吉茂は、子孫に対して極楽へ行く方法について断言します。どうもここには、その人生のなかで培ってきた確固とした信念があったようです。先に挙げた、彼が極楽へ行くための参考文献としたものは、「仮名物語」(一冊)、「冥加訓」(八冊)、「養生訓」(四冊)、「水野南北先生　相法極意抜書《そうほうごくいぬきがき》」(四冊)です。吉茂がこれらの書物から何を学びとり、なぜ、それを子孫に伝える必要を感じたのでしょうか。じっくり見ていくことにしましょう。

江戸時代の農書

まずは、田村吉茂という人物について簡単に紹介しておきましょう。実は、田村仁左衛門吉茂は、本書で扱う人物のなかではもっとも有名な人物かもしれません。全国各地の有名な

■田村家の周辺図

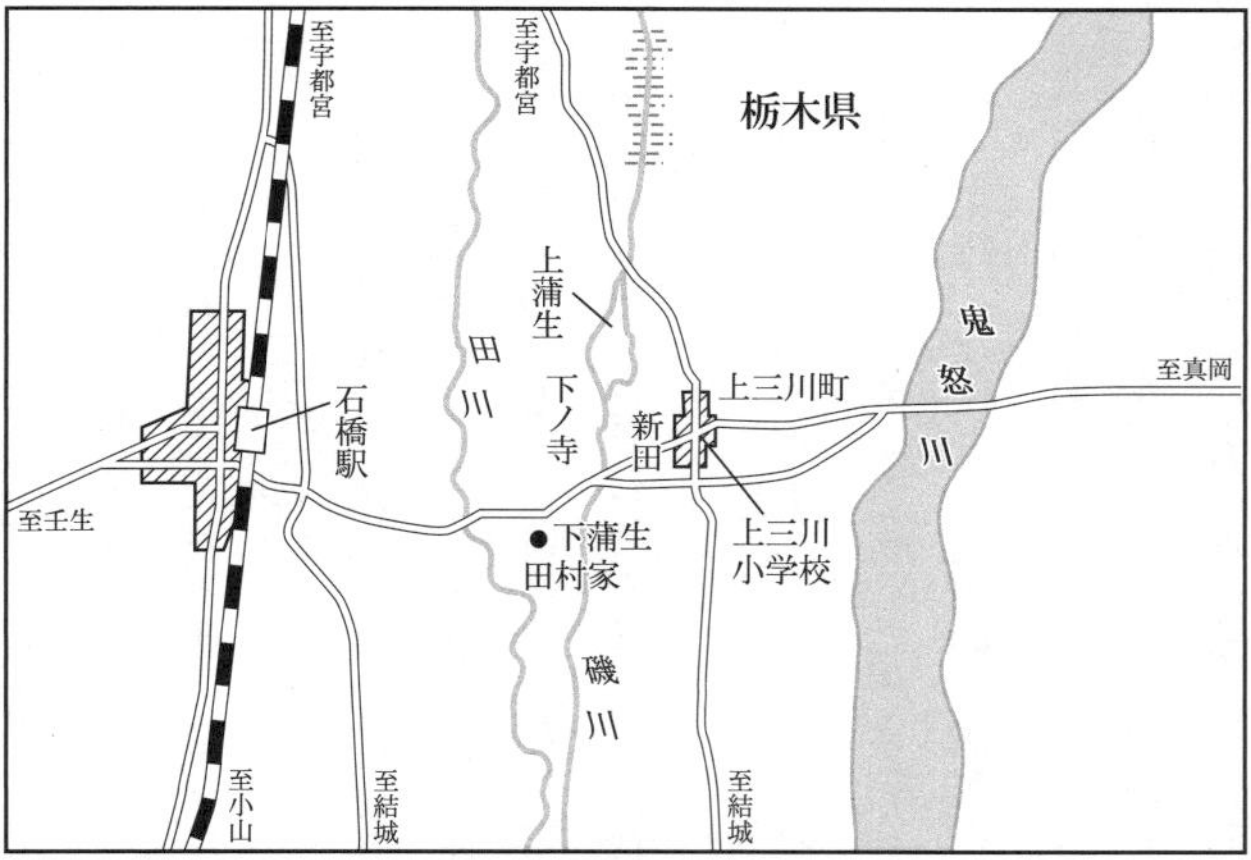

稲葉光國「解題(2)」(『日本農書全集21』農山漁村文化協会、1981年、p.287)

農書を集めて刊行された『日本農書全集』（第二十一巻、農山漁村文化協会、一九八一年）には、彼の書いた五つの書物が翻刻《ほんこく》（活字化）され、その解題も載せられています。

また、田村吉茂に関する研究論文もいくつかあります（阿部昭『近世村落の構造と農家経営』文献出版、一九八八年など）。たとえば、小学館の『大系日本の歴史』シリーズにおいて、歴史学者の青木美智男氏が、田村仁左衛門吉茂について次のように述べています。

> ……飢饉時の実体験をとおしてえた集積データをもとに、具体的な凶荒対策をしめし危機を回避しようとするものもあらわれた。下野国河内郡下蒲生村（栃木県

河内郡上三川町）の田村仁左衛門（吉茂）がその一人である。仁左衛門は、天保四年（一八三三）と七年が大凶作にもかかわらず、父から受けついだ農法で好結果をえたことに触発され、その農法を独占せず、世にしめすことによって多くの人びとが凶荒の苦痛から免れることを願い、刊行、普及を決意した。天保一二年のことである。

こうして筆をとった仁左衛門は、その著書に『農業自得』という名をつけた。それはかれがしめす農法が、七か年分を一帳に収めた「耕作帳」による実験と観察から「自得」したものだという自信からだった。

（青木美智男『大系日本の歴史11　近代の予兆』小学館、一九九三年、三九〇～三九一頁）

右の引用で、わかりやすく説明されている通り、田村吉茂は、独自の「経験と観察」で得られた科学的データをもとに、『農業自得《のうぎょうじとく》』『農業根元記《のうぎょうこんげんき》』などの**農書**を刊行した人物です。農書というのは、文字通り農業の解説書のことです。**宮崎安貞**《みやざきやすさだ》（一六二三～九七）が、明の徐光啓《じょこうけい》著『農政全書』に学びながら自らの見聞を交えて、日本最初の体系的農書『**農業全書**』（一六九七年）を書いたのが有名です。十九世紀には、**大蔵永常**《おおくらながつね》（一七六八～一八六〇？）が、作物の栽培方法や農家の利益と国益を論じた『**広益国産考**《こうえきこくさんこう》』（一八四四年脱稿）

などを著しています。

田村吉茂の存在もわりとよく知られ、三十年以上も前から、栃木県の上三川町では「郷土の先人」として顕彰されているようです（上野正昭「郷土の先人田村吉茂をどう教えるか」『日本農書全集』第二十巻月報、一九八一年）。田村吉茂が、その人生のなかで培ってきた思想・人生哲学とは、一体どのようなものだったのでしょうか。

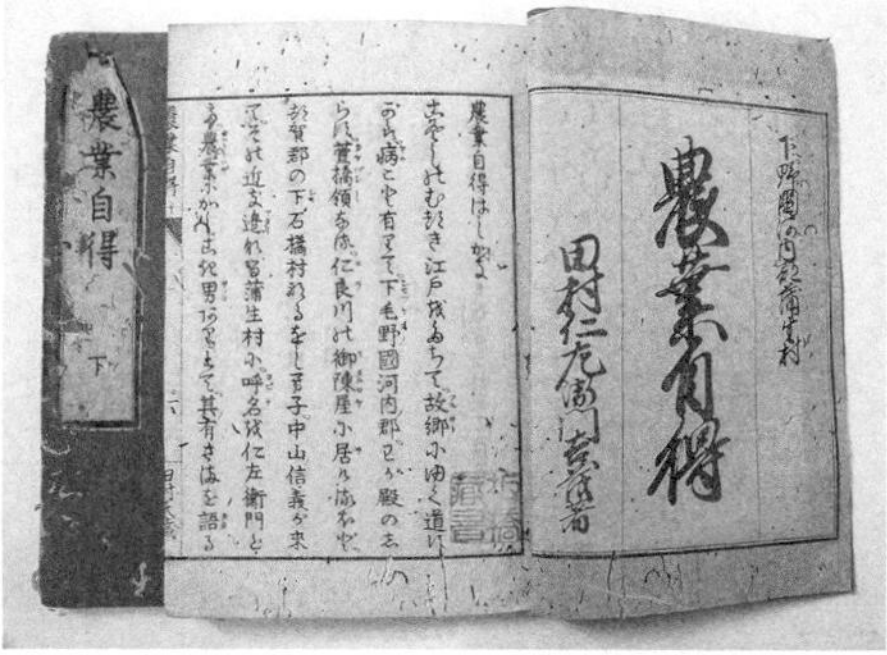

田村吉茂著『農業自得』

この章の最初に見ていただいた史料は、文久三（一八六三）年正月、吉茂が七十四歳の頃に書いた「田村翁子孫訓」と呼ばれるものです。この「子孫訓」の冒頭には、次のように記されています。

> 吾は手習いを嫌い、農業のみに屈託《くったく》して終に農術を得るといえども、無筆同様なれども、子孫へ心得のため人たる道のあらましを書き残す。手習いは用弁のみと心得て親これを始めとして一切無筆にては

不自由なりと心得て、子や孫に手習いを訓《なら》い、終には書の端などを少しばかり覚ゆると、気高くなりて、家内はもちろん、終には他人まで見下し、よくよく人たる道を失の（な）う者間々《まま》多し。是全く手習い学問の心得が違う故なり。人は万物の霊と生まれて、人たる道を知らざれば、形は人なれども禽獣《きんじゅう》に近し。人の道と云うものは、むずかしき様なれども、さのみむずかしきことにはあらず。

すなわち、「私は、昔から手習いを嫌って農業だけに専念して、とうとう農術を身につけた。無学ではあるが、子孫に対して心構えとして人たる道のあらましを書き残した」といいます。ここで吉茂が、この「子孫訓」の趣旨を、「人たる道のあらまし」としている点は、少し注意しておくべきでしょう。すなわち、「人の道」を知らないと、それは他の動物と何ら変わりません。だからこそ、「人たる道のあらまし」を知る必要があるのだと主張するわけですが、そこでは「人の道と云うものは、むずかしき様なれども、さのみむずかしきことにはあらず」といいます。

どうも吉茂自身、幼い頃「手習い」が嫌いな子だったようです（この点については、後に紹介する、『吉茂遺訓』のなかでより詳しく述べられます）。親の気持ちとしては、「無筆」

であっては将来困るだろうと思い、子どもや孫に勉強をさせるものです。「手習い」を始めて、少し書物などを覚えてくると、「気高」くなって他人を見下すようになってしまいます。こうして「人たる道」を失ってしまう人が多くいるそうです。吉茂はこれを、「学問の心得が違う」として非難します。「手習い」を身につけたからといって、人を見下してしまっては元も子もありません。田村吉茂の指摘は正論でしょう。

では、「人たる道」を守るためには、一体何が必要だというのでしょうか。ここで、吉茂が重視するのは、「五倫の道」です。それぞれ次のように説明しています。

(1)君臣について

君臣の関係とは、主人と家来の関係です。主人は家来に給料を与えることで恩に着せず、彼らが一生懸命勤めることに憐みをもつことが大切です。反対に、家来の方は、給料をもらうのだから、主人のためには命を惜しまない忠誠心が必要です。これこそが、末代に名を残す成功の鍵だといいます。

⑵父母について

父母にとって、第一に大切にすべきなのは、子どもに「慈悲」をもって接することです。子どもの好き勝手にはさせず、悪いことをしたときには厳しく叱り、行儀が悪ければ直す。そして、家業をよく教えることが大切だといいます。

⑶夫婦について

夫婦の関係については、「小天地」（一つの小さな世界）だといいます。お互い様に義理を立て合って、仲睦まじく生活していくことが大切です。しかしながら、いつしかお互いに遠慮がなくなってわがままになり、仲が悪くなることがよくあります。十分に注意するようにと述べています。

⑷兄弟について

兄は、すべてにおいて年上らしく慎ましく振る舞い、弟をよく導き、かわいがってやることが大切です。一方、弟の方は、すべてにおいて兄の指示に従うことが大切です。兄弟和合して、仲睦まじく暮らすのが理想だといいます。

⑸朋友について

朋友（友人）については、良き人を友として選び、悪い人を近づけてはいけないといいます。「信に実心ある人」（誠実な人）を友として何でも相談すること、とにかく「真直にして信の心深き人」を友人にもって「義理」を守ることが、何よりも大切だといいます。

吉茂は、こうした「五倫の道」を実行することが、「人の道」をきわめる方法であると主張しています。ほかにも、「極楽道中記の大略」（極楽への本道）として、「仁義礼智信《じんぎれいちしん》」（儒教の五つの徳目）や「いろはにほへと」の歌などを引用して、それぞれの大切さを述べています。そして、彼独特のユーモアを込めて次のようにいいます（意訳します）。

とにかく、鼻は低い方が視界は良いものだ。おかめどのの鼻は見事なものだ。鼻は目の前にあるから、大きくなるとお先が見えなくなってしまう。そのため、「善道」（極楽）と「悪道」（地獄）を見間違えてしまう人もいる。また、私欲にとらわれて見間違える人もいる。よくよく慎み、我が身を省みるべきだ。「地獄道」というのは、広くて賑やかな道だから、「これこそが極楽の本道だ！」と思い込み、費用が多くかかることもかまわず、如来様や骰様《さえさま》（骰＝さいころ）に手招かれるままに、人の意見も聞かず、何も考えずに突き進んでしまう。この道は行けば行くほど狭くなり、やがて行き止まりとなり、ふらふらしていると気がつけば地獄の真ん中にすっぽりとはまってしまう。無筆《むひつ》の者は仕方がないが、少しでも文字が読める者は極楽と地獄の案内板を見間違えてはいけない。極楽へ行く道は、本道は大通りであるが、入り口はとても狭くて入りにくいものである。しかし、行けば行くほど広くなり、本当にこの上ない良い道になっていく。この極楽道へ急ぎなさい。

このように吉茂は、「極楽」へ向かうための知識をまとめたうえで、本章の冒頭に見たように、『仮名物語』『冥加訓』『養生訓』『水野南北先生　相法極意抜書』などの書物の大切さを説きます。たしかに、**貝原益軒**《かいばらえきけん》（一六三〇〜一七一四）の『養生訓』などは、吉茂の思想とかなり重なるところがあります。たとえば、益軒は、次のように述べています。

養生の術は、まず自分のからだをそこなう物を遠ざけることである。からだをそこなう物は、内欲と外邪とである。内欲というのは、飲食の欲、好色の欲、眠りの欲、しゃべりまくりたい欲と、喜・怒・憂・思・悲・恐・驚の七情の欲のこと。外邪とは天の四気である。風・寒・暑・湿のことである。内欲をこらえて少なくし、外邪をおそれて防ぐのである。こうすれば元気をそこなわず、病にもかからずに天寿を保つだろう。

（貝原益軒著／松田道雄訳『養生訓』中公文庫、一九七七年、九頁）

この考え方は、先ほど見てきた田村吉茂の思想とも共通する部分があるように思います。ただ、考えてみれば当たり前のことですが、人の考え方は日々変化していくものです。社会が日々変わっていくのに合わせて、人の心も、どんどん移り変わっていきます。もちろん、それは、田村吉茂も例外ではありません。その生涯のなかで、徐々に彼の考え方も変わっていったことでしょう。次節ではその点に留意しつつ、もう少しだけ、吉茂の思想を追っていきたいと思います。

十年後の「吉茂遺訓」

実は田村吉茂は、「子孫訓」を書いた後、明治十（一八七七）年まで存命でした。そして、明治六（一八七三）年には、「吉茂遺訓」（『日本農書全集』第二十一巻、農山漁村文化協会、一九八一年）という遺書を残しました。その内容は、文久三（一八六三）年、七十四歳のときに記した「子孫訓」と重なる部分もありますが、分量はかなり増幅しています。そして詳しく見ていくと、明治六年に八十四歳で書いた「遺訓」と、先の「子孫訓」の間にはわずかですが考え方の違いもあるようです。

七十代から八十代にかけて、田村吉茂の思想にどのような変化が生まれたのでしょうか。そして、その理由はいかなるものだったのでしょうか。

まず、繰り返しになりますが、『吉茂遺訓』の前半部分の基本的な内容は、ほとんど変わっていません。「子孫訓」ではわかりにくかった部分を、より丁寧に説明し直した程度でしょう。一方、追記された後半部分の書き出しは、次のような言葉から始まっています。

万事天然にまかせ、時節を心長に待つ事専一なり。何程急ぐとも、時節来らざれば、稲麦なども出来ぬものなり。心しずかに時節を待つ事肝要なり。

（「吉茂遺訓」前掲、一二二～一二三頁）

「万事天然に任せ」「心しずかに時節を待つ事」というのは、実に深い言葉です。「すべてを自然の流れに任せ、ただ心静かに時期を待つことが大切だ」ということでしょうが、農業にその一生を費やした田村吉茂らしい言葉です。ただこれは、先の「子孫訓」には見られなかった表現でもあります。幕末から明治にかけての急激な社会変動を、下野地方の農村から、おそらく「心しずかに」見ていた八十代の翁《おきな》の心境がここから読み取れます。

さて、「子孫訓」と「遺訓」の違いは、後者では「金」「欲」「迷い」という三つに重点が置かれていることにあります。たとえば、「金」については、「大金子持になるも、あまり望むことにもあるまし。金子を多く持と色々の事にて心支も多し」と言い、大金持ちになることはあまり良いことではないと主張します。

しかし、その一方で、借金をすることについては、「借金と言う『両はい』(僚輩？　身近な友人)に取り付かれては叶わぬものなり。用心専一なり。この『両はい』に取り付かれては、家材田畑は言うに及ばず、その身までも利に喰いとらるるなり。恐ろしきたたりなり」とも述べています。お金は足りなくては困るし、たくさんありすぎてもまた困るということでしょう。次に吉茂は、「欲」について次のように記しています。

一、欲と言うものは万事に離るる事無し。欲に離るる持（時）は、物の成就仕《つかまつ》る事無し。是全く天然自然の欲なり。然るを、私欲を恣《ほし》いままに仕る故に損毛《そんもう》有り。恥もかく。終には命を失う者もあり。是皆私欲よりおこらざるはなし。よくよく爰《ここ》の道理を考えて、私欲を用いざれば、常に案心にして心に恐れる事無し。故に、正直ほど有り難きことはなし。よって、正直と書いて「ろく」とよむ。真正直なる人は長命にして仕合せよし。

（「吉茂遺訓」前掲、二二六〜二二七頁）

ここにある記述、「欲というものは、万事に離れることがない、欲がなければ何事も成功をおさめることはない」、これは一つの真理でしょう。

しかし、「私欲」を持ちすぎると、損をしたり、恥をかいたり、やがて命までも失いかねません。常に、「私欲」をおさえなければならないというわけです。逆にいえば、「私欲を挟まなければ、常に安心であり、恐れることなどなにもない」ということになります。

そして、何よりも「正直」であることが大切だと、吉茂はいいます。「正直と書いて『ろく』とよむ」というのは、正直でない者＝「ろくでなし」という意味でしょう。「真正直なる人は長命にして幸せだ」と、「正直」であることが、長寿と幸せの秘訣だといいます。さらに彼は、次のようにも述べています。

一、迷いと言うものは、皆欲よりおこる。迷い数多しといえども、二つ三つを言う。妻子に迷い、善悪訳らず、己が知意に迷い、又は女や金子に迷い、災いをおこす事有り。迷の道はあげて数え難し。よくよく気を付けて迷う事なかれ。

（「吉茂遺訓」前掲、一二八頁）

「私欲」は、「迷」へとつながります。妻子への接し方に迷うこと、善悪の判断ができず自分の知識に迷うこと、そして色欲や物欲に迷うことです。いずれもよくよく気をつけて、迷うことのないようにしなさいと忠告します。数多くの「迷の道」のなかで、右のような三つの「迷の道」をとくに強調するのには、なにか事情もあったのでしょう。

さて結局のところ、七十代の「子孫訓」と、八十代の「遺訓」との間には、どのような違いがあったのでしょうか。正直なところ、あまりはっきりしません。ただこれは、あくまで私の個人的な感想になりますが、晩年の吉茂は書物などにみられる先人たちの言葉を咀嚼《そしやく》し、自分のものとして捉え直していたように思います。

たとえば、吉茂は、『吉茂遺訓』のなかで、『水野南北先生　相法極意抜書』などの書物について「右の書は長生運《ながいき》の手作り、盛衰生死は常の事と言う訳《わけ》が能《よ》く訳《わか》る書なり。能々《よくよく》熟読すべし」と述べています。これは、「子孫訓」のなかで「極楽望むの者は読むべし」としていたのと比べると、少し熱が冷めているようにも感じます。おそらく、七十代からの十年の間に、書物から得られる知識を、自分の生活のなかでの経験と照らし合わせ、昇華させていったような気がしてなりません。いずれにせよ、彼が最終的に到達したのが、私欲をおさえること、正直であること、といった至極当たり前な結論であったことに注目すべきなのでしょう。

また、「欲」を制御することの緊要《きんよう》を説く彼もまた、その晩年には「私欲」との葛藤のなかにありました。とくに、「隠居」の仕方については、いろいろと思い悩むこともあったようです。『吉茂遺訓』のなかでも、「隠居」の話がたびたび出てきますが、これはまさに、吉茂自身の晩年の暮らしを反映していたのでしょう。

それにしても田村吉茂は、晩年に至るまで、自身の体験をできるだけ客観的に分析し、人生というものについて、常に深く考えをめぐらしていました。老いの境地に至っても、なお、自分と子孫の人生に対する思索をやめなかった彼の姿——ここに、私は畏敬の念を覚えます。

第十一話　「不覚にも切腹仕るべしと脇差を取り出し用意は致し候」

古着屋・増渕伊兵衛

これまで見てきた遺言からもなんとなくわかるように、歳をとるにつれて、自分や家族の来し方について深く考えるようになる傾向があるようです。自分の両親や祖父母、あるいは曽祖父母、それから遥か前の先祖の言っていたことについて、もっと知りたいという気持ちが芽生えるものなのでしょう。両親や祖父母の年齢に達して、はじめて彼らの言っていたことの意味がわかったという話もよく聞きます。実際、すでに見てきた遺言書のなかにも、先祖の言行が強調されているものが多くありました。
ただそこで見落としてはならないのは、必ず具体的な先祖の姿がイメージされていることです。先祖の失敗や苦悩は決して無駄ではなく、今を生きる者の糧になるのです。

七代目が綴る五代目の遺言

ここで紹介する増渕《ますぶち》伊兵衛《いへえ》の遺書は、まさに先祖の遺言――いや、先祖の言行そのもの――の影響を強く受けたものといえるでしょう。まずは、この遺言の一部分を紹介します。

（前略）当節前段の始末、何事も神仏に見放され候や。両社へ心願に罷り越し候留主（留守）に、右様の災難、とても我等運無き、家名行き立ち（立ち行き）申すまじ。この上何様《いかよう》精々仕《つかまつ》り候とも開運覚束《おぼつか》なし。生きて甲斐なきこの身と、不覚にも切腹仕るべしと脇差を取り出し用意は致し候えども、又々了簡取り直し、我死後妻子三人の者暮らし方差し当り難儀に及び、且《か》つ先祖家名相潰れ、聟養子の我等右様の儀にては相済み申さず。この時色々考え候処、未だ神仏の加護これ有り。度々の災難は利欲に迷い候を見せしめのために逢い候儀と、再立願の趣意は、何卒先祖の家名相立て、子孫後栄を深く祈（念）じ、この身は如何様にも気力及ぶだけ、昼夜とも家業精々仕まつるべしと信願候。

（『栃木県史』史料編　近世二、一九七六年、六八一頁）

〔意訳〕

……こうした始末、何もかも神仏に見放されてしまったか。両社へ心願に参ったその留守中にこのような災難に遭うなんて、つくづく私は運のない男だ。家名も立ち行くはずもない。こうなったら、どんなに一生懸命励んだとしても開運などのぞめるはずもない。もう生きていてもしょうがないと思い、切腹しようと脇差を取り出したけれども、また考え直した。私の死後、妻子三人の暮らしはどうなってしまうのか。また、聟養子《むこようし》である私がこうして先祖の大切な家名を潰してしまって許されるはずもない。いろいろと考えてみると、まだ神仏の加護があるはずだ。度々の災難は、利欲に迷っていることの見せしめのためにやってきたものだと、再度、なんとか先祖の家名を立て直し子孫が栄えることを深く願った。私の身はどうなっても構わない。気力の及ぶ限り、昼夜を問わず家業に一生懸命取り組もうと決意した。

経緯は後述しますが、切腹しようとしたが家族のことを思って考え直したという文面からは、災難に見舞われ、深い悩みに苛まれている様子が伝わってきます。

ただ、ここで一点注意しておかなければならないのは、この史料は「災難」に遭った当事者によって書かれたものではないということです。その孫が、祖父から聞いた遺言をまとめたものなのです。そのあたりの事情から確認してみることにしましょう。

まずこの遺言は、五代目増渕伊兵衛によって編まれた「永用録」（文久元年五月）という記録に載せられたものです。右の当事者は、執筆者である増渕保良の祖父にあたる五代目の増渕保秀のことを指しています。つまり、この記録は、増渕伊兵衛保良が、祖父保秀の遺言をベースに作成したものということになります（史料の冒頭に「当家五代祖保秀之孫伊与吉記之」とあります。なお、「増渕伊兵衛」の名前は世襲されていくため共通です）。「永用録」自体は、増渕家の歴代の事績《じせき》が丁寧に記されており、江戸時代の商人の系譜がわかる史料として、学術的に非常に価値があります。

ここでは、五代目（保秀）の生涯とその遺言、およびそれを受けた七代目（保良）の遺言の両方を見ていきたいと思います。

まずは、五代目に至るまでの増渕家について、「永用録」を頼りに、簡単に見ていくことにしましょう。増渕家の元祖は、奥平家中の増渕善右衛門の弟である伊兵衛にあたります。初代伊兵衛は、寛永年中（一六二四～四五）の国替《くにがえ》（大名の領地の移し替え）の際に、劔《つるぎの》宮《みや》町に住みつき、筆道指南の内職などをして生計を立てていましたが、天和二（一六八二）年六月五日に病死します。その後も理由あって住居は転々としますが、代々家業である魚屋に励みます。ただし、さすがに初代から三代までの事績については、あまり史料が残っていなかったのでしょう。「前書初代より三代までの処、記録これ有るといえども、年暦相定め相見え申せず、行状《ぎょうじょう》始末書仕まつるべき様これ無し」と述べています。

一方、四代目伊兵衛については、比較的まとまった記録があったようです。この人は、「行状至極宜《しごくよろ》しき人」であって、「若年の刻より病気のほか如何《いか》様御座候とも、限って昼寝仕まつらず、奢《おご》りを相慎み」「先祖の祭」（先祖の年忌法要など）を大切にする人格者であったようです。さらに、両親への高恩を日夜忘れることがなく、常々、母と同日に死去したいと願っていたようです。すると、不思議にも、母と全く同日に「臨終」をむかえることになりました。

どうも四代目伊兵衛は、家を養子に継がせていたため、後年になって両親の供養が疎略《そりやく》になることを恐れていたようです。保良は、これを「五代保秀之遺言」として聞いていたそうです。

では、四代目伊兵衛の後を継いだ五代保秀とは、どのような人物だったのでしょうか。次節で見ていきたいと思います。

不幸の連続の生涯

五代目増渕伊兵衛の生涯は、まさに苦難の連続でした。ここでは、「永用録」の記事に従いつつ、その様子を見ていくことにしたいと思います。五代伊兵衛保秀は、宮嶋町の加藤氏の次男として生まれました。幼名は与八といい、十二歳のときに寺町の古着屋玉屋市郎兵衛のもとへと奉公に出ます。その後、二十四歳のときに家に戻り、安永年中(一七七二〜八一)に当家(増渕家)へと養子に入ることになりました。ところが、古着屋から馴れない魚屋へと移ったこともあり、なかなか商売がうまくいきません。十二年も古着屋として経験を積んできたので、それなりの自信もあったのでしょう。とうとう魚屋をやめて古着屋を始め、五年間でひとまず商売を軌道に乗せることに成功します。

そんな折、江戸で大火が起こり、材木類の値段が高騰するという噂が立ちました。増渕保秀のところにも、「常々懇意之者《つねづねこんいのもの》」（普段から懇意にしていた人）から「江戸大火に付き、材木差し出し、売り捌《さば》き候わば、相応の利分に相成り申すべしなどと咄し合い」（江戸大火のため、材木を供給して売りさばけば、かなりの利益を得ることになるという儲け話）が持ちかけられました。保秀は、「利欲に迷い」、この言葉に乗ります。大火災からの復興のために、木材が必要なことは当然です。早速、材木を買って用意し、江戸へ送ったところ、たしかに相応の利益を得ることができました。ここまでは良かったわけです。

ところが、保秀は、「懇意之者」に仕切金二百五十両の金子をそのまま持ち逃げされてしまいます。このときの状態について、「永用録」には次のように記されています。

右の始末、大金損毛《そんもう》出来し、身上《しんしょう》行き立ち（立ち行き）がたし。途方に暮れ、いかが仕まつるべきや、心痛仕り候えども、金子手段これ無し。元来他借の金子を以って、代呂物買い請け候儀に付き、手前元手金売り残り古着残らず売り払い候ても、借財高へ足り申せざるは必至と難渋仕まつり候儀は、我等家業違いの事にて、俄《にわか》に利潤仕るべき心得《こころえ》違《ちがい》の天罰、今更詮《いまさらせん》なき悔後（後悔）仕り候、この材木を集めるために、保秀は「他借」をしていましたから、手元にお金はもう残っていません。店の古着を全部売り払い、借金にあてなくてはならない状況に追い込まれました。こうした災難を、保秀は、家業違いのことに手を出した「天罰」だといいます。悔やんでも悔やみきれなかったでしょう。

保秀は、その後、一生懸命に働きました。妻子の暮らしに必要なお金や自分が使うためのお金を節約して、先祖の大切な法事も断念し、とにかく暮らし向きを立て直そうと懸命に頑張りました。

保秀に限らないことですが、こうした災難に遭うと、人間はみな神仏の加護にすがりたくなります。それは、今も昔も変わりません。保秀も次のような行動に出ます。

それより一心に家業相励み、身上取り直し申したく、神仏加護ならではと存じ、当御社大明神ならびに妙金寺稲荷社へ誓願成され候思し召しにて、その身を清め、参詣に罷り越し、帰宅見世（店）先を見廻し候処、店に差し置き候品物弐つ相見え申せず候間、定めて商い致し候事と相祝い、家内に聞き合わせ申し候処、今日売物一切仕らざる由、驚き入り、段々相紀《たず》ね候えば、盗取られ候儀に御座候。当節前段の始末、何事も神仏に見放され候や、両社へ心願に罷り越し候留守に、右様の災難、とても我等運無き、家名行立ち申すまじ。この上何様精々仕り候とも開運覚束なし。

保秀は、一心に家業に励みました。何とか身上を取り戻したい。そういう思いから、神仏を大切にしようとしたのでしょう。ある日、当御社大明神と妙金寺稲荷社へと誓願のため、身を清めて、参詣に向かいました。これできっと神仏のご加護によって、生活も立ち直るだろう、そう思ったに違いありません。しかし帰ってみると、事件が起きていました。店の品物が盗まれていたのです。

宇都宮二荒山神社。かつては宇都宮大明神と呼ばれていた。

このときの保秀の絶望は、察して余りあります。それは、彼自身が「何もかも神仏に見放されてしまったか」「こうなったら、どんなに一生懸命励んだとしても開運などのぞめるはずもない」（傍線部）と言っている通りであったでしょう。自分は神仏に見放されているのだから、今後もさらに不運が襲いかかってくるだろうという恐怖に苛まれたことと思います。きっと、自分がとても不運な人のように思われたに違いありません。とうとう保秀は、自らの命を絶つことも考えました。それが、本章の冒頭でも掲げた「生きて甲斐なきこの身と、不覚にも切腹仕るべしと脇差を取り出し用意は致し候えども」という言葉です。しかし保秀は、なんとかその気持ちを抑えます。それが冒頭に掲げた次の話です。

こうなったら、どんなに一生懸命励んだとしても開運などのぞめるはずもない。もう生きていてもしょうがないと思い、切腹しようと脇差を取り出したけれども、また考え直した。私の死後、妻子三人の暮らしはどうなってしまうのか。また、聟養子である私がこうして先祖の大切な家名を潰してしまって許されるはずもない。いろいろと考えてみると、まだ神仏の加護があるはずだ。度々の災難は、利欲に迷っていることの見せしめのためにやってきたものだと、再度、なんとか先祖の家名を立て直し子孫が栄えることを深く願った。私の身はどうなっても構わない。気力の及ぶ限り、昼夜を問わず家業に一生懸命取り組もうと決意した。

自分は生きている価値のない人間だと落ち込んでいた保秀の脳裏を過《よぎ》ったのは、自分亡き後の妻子の暮らしと、先祖から引き継いだ増渕家の家名についてでした。婿養子として家に入った自分が、家を潰してしまったのでは、申し訳が立たないという責任感が生まれてきたのでしょう。そして、いろいろと考えを尽くした末に、「度々の災難は、利欲に迷っていることの見せしめのためにやってきたものだ」と思うようになります。そして、自分の気力が及ぶ限り、昼夜ともに家業に励もうと考えるようになりました。

ちなみに、保秀の苦労はこれだけではなかったようです。保秀の長男の亀蔵は、幼少期から病弱だったため家を相続することができず、寛政年中（一七八九〜一八〇〇）に小伝馬町糀屋《こうじや》惣兵衛の悴久兵衛を保秀の二女「ゑん」の婿養子にむかえて、家を相続させました。この二人の間に生まれたのが、この記録の作者である増渕保良です（文化元〈一八〇四〉年生まれ。幼名は伊与吉）。

しかしながら久兵衛も病気になってしまい、手を尽くしたけれども、文化六（一八〇九）年八月十一日、三十八歳の若さで病死してしまいます。当時まだ五歳であった保良にとっても、悲しい出来事でしたが、同時に年老いた保秀のショックもかなり大きかったと思います。それでもなんとか、増渕家を存続させなくてはなりません。保秀は、小伝馬町米屋長蔵の悴である由兵衛を養子にむかえました。

これで安泰と思いきや、不幸はまだまだ続きます。保良の母であり、保秀にとっては実の娘である「ゑん」も急病に襲われ、文化十一（一八一四）年二月十五日に死去してしまいます。わずか十年の間に、増渕家では不幸が続きました。

そこで保秀は、八日市場油屋文六の娘「まち」をもらい受け、由兵衛と取り合わせます。このときには、保秀もかなりの老年に及んでいましたが、それでも増渕家の中心として活躍し、伊与吉（保良）が十三歳のときには、寺町沢屋忠助のもとへと見習奉公に出しています。保良自身の「祖父六十才余にて、六七ヶ年の間、近在は勿論江戸そのほかへも度々出向き、商売滞《とどこお》りなく相励《あいはげ》み成され、身命を惜しまず御苦労遊ばされ、誠にもってありがたき勤めに御座候」という言葉には、まさに自分の命も惜しまず、苦労を重ねてきた祖父保秀に対するリスペクトを感じます。次節では、保秀から増渕家を受け継いだ保良の活躍について見ていきましょう。

祖父への思い──黒船来航

先に触れたように両親を早くに亡くした保良にとって、祖父保秀の存在はきわめて大きいものでした。保良は、祖父の保秀の生涯について次のようにまとめています。

一、祖父保秀君、廿四《にじゅうよん》才の節、当家相続に相成り、前書の通り数度の災難不幸これ有り、なかなか筆に尽くしがたし。元来、気丈夫《きじょうぶ》成る性質にて、万事に行き渡り、神仏に信向（信仰）深く、家業大切に御心掛け成され候故、自然の天命尊慮《てんめいそんりょ》の願望相届き候儀は、殊にありがたき事に御座候。尤も料理・折形・載物等、唐物新古の目聞（利）に至るまで、何によらず知らざるという事なく、若年より老年に至る程に御苦労遊ばされ、既に七十才の刻、孫の我等へ表向き御譲り成され、御自分「八十兵衛《やそべえ》」と改名し、漸々《ようよう》少しも御保養成され候思し召しの処、老病にて、文政八酉正月より次第に差し重く、薬用は手を尽くし候えども、命数限りと相見え、神仏に祈り、抱え方残りなく抱え方仕り候えども、終《つい》に同年三月朔日御遠行成され候。法名　竟道居士、これ増渕氏中興の祖なり。時に孫伊兵衛保良、弐拾《にじゅう》才。

保秀は、文政八（一八二五）年三月一日、孫の保良が二十歳のとき、八十余歳にして、その波乱の生涯の幕を閉じました。二十四歳で家を相続して以降、数々の「災難」に見舞われ、その晩年も両親を失った孫の保良のために尽力しました。「若年より老年に至る程に御苦労遊ばされ」、八十歳になり自らを「八十兵衛」と改名して、ようやく少し休めると思った矢先に病に罹《かか》り、亡くなってしまいました。その生涯において、本当に心の休まる余裕はなかったのではないでしょうか。少なくとも保良の目には、そのように映っていたようです。同時に、保良は、そうした保秀の苦労に対してとても感謝していました。言葉の端々からそれが伝わってきます。

さて、保秀から家を継承した保良ですが、その商売は決して盤石なものではありませんでした。「文政八酉年祖父死去の後、召し仕いの者、買出し先にて不実の損毛《そんもう》金百両余これ有り。その上、代替わりに付き、諸方貸方損百両位もこれ有り候」と、保秀が亡くなった直後もトラブルが続いたようです。

しかしながら、こうした数々の苦難を乗り越え、家業に励み、天保年間（一八三〇〜四四）には、領主に対して御用金を無事に貸出すこともできました。保良は、「誠にこの栄《さかえ》を祖父君に見させざる事、残念に候」と述べます。苦労をかけた亡き祖父保秀に、自分のこの活躍を是非とも見せたかったのでしょう。その後も、保良は豪商として政治向きの活躍を果たしていきます。少し史料の原文を追ってみます。

当年（嘉永六年）五月中、「アメリカ」と申し候異国より大船数多《あまた》到来に付き、諸国大名方武備専一《ぶびせんいつ》に御支度仰せ付けらる。右に付き、当御領主様より御用金百両なり仰せ付けられ、国恩と存じ御上納仕り候。前々より御用聞仰せ付けられ、度々御用弁に相成り候廉《かど》を以て、是まで町年寄支配の処、このたび、町御奉行直支配に仰せ付けられ候。安政元寅年、御勝手向御改革に付き、調達金の分五十ヶ年賦御請け申し上げ候に付き、是まで弐人扶持の処、壱人御増、三人扶持下し置かれ候。安政二卯年十二月中非常御備金百九拾八両御調達仰せ付けらる。同三年、金百四拾九両臨時御物入りに付き、御調達仰せ付けらる。そのほか先年差し出し候御大礼ならびに定例金年賦、または年延等に仰せ出され候。安政四巳年御仕方替の刻、天保年中御成調達ならびに御昇進調達、両口御返済、残金五拾四両余差し上げ、切に仕り候処、格別の訳を以て、壱人扶持御増、都合四人扶持下し置かる。その上、帯刀御免、誠に以て、冥加なる事に存じ奉り候、

嘉永六（一八五三）年の、いわゆる**黒船**（**ペリー**）**来航**は、江戸時代の商人たちに大きな影響を与えました。来航したアメリカの船員や黒船の諷刺画が描かれ、人びとは恐怖と好奇

心に掻き立てられました。物価の変動に強い関心をもつようになっていた商人たちは、いち早く情報を入手しようと躍起になりました。また、右の文章にもあるように、領主たちは、幕府からの命令あるいは自分たちの判断で「武備」を進め、やがて軍事費が財政を圧迫していきます。そのなかで、増渕伊兵衛のような豪商たちの御用金に依存していくようになりました。それは同時に、豪商たちの政治に対する発言権が強まっていくことにつながりました。そうした幕末社会の変化も読み取れます。

もちろんこの記述は、江戸時代末期の外国の脅威に対する諸大名やブルジョワジー（有産階級）の反応として注目される史料ということになるでしょう。調達金を供出することによって、政治的にも台頭していく商人たちの身上《みあが》りの姿が見えてきます。〝領主財政の肩代わりをすることが豪商たちにどの程度負担だったのか〟とか、〝彼らの上昇願望はどれほどのものだったのか〟、あるいは〝当時の商人たちの情報把握はどの程度のレベルに達していたのか〟など、近世史研究の重要な論点がここにはたくさん含まれています。

しかし、私たちがここで注目したいのは、七代目増渕伊兵衛の気持ちそのものです。等身大の彼の心のなかには、祖父保秀の存在がありました。御用金の供出は、商人としての彼のビジネスを圧迫したでしょうが、祖父保秀の苦労を考えたら、そんなことはとるに足りなか

■幕末における宇都宮の豪商

崎尾 新右衛門	日野町	荒物屋・荒物兼金貸・江戸地面
菊池孝兵衛	寺町	佐野屋・江戸出店・呉服・金貸
菊池 治右衛門	寺町	佐野屋・所々出店・金貸
玉尾与兵衛	日野町	奈良屋・呉服太物
吉田丹兵衛	寺町	佐野屋・太物師
丸太源蔵	今泉町	菊屋・質・水油
相良卯之吉	茂破町	岡本屋・質物
高橋善次郎	上河原	津の国屋・酒造・質物
池沢伊兵衛	杉原町	植木屋・質商
崎尾 忠左衛門	日野町	荒物屋・塗物・醤油
大谷庄五郎	上河原	紙屋・荒物・太物
村山 重良兵衛	杉原町	戸室屋・荒物・質
福田小兵衛	池上町	丸屋・旅宿・金貸
古口長蔵	寺町	玉屋・古着・太物師
菊池利兵衛	上河原	菊屋・酒造
篠原与惣次	押切町	堺屋・質商
増渕伊兵衛	**宮島町**	**丸伊屋(丸井屋)・古着**
関口 兵右衛門	日野町	扇屋・紙肆
長島 忠左衛門	石町	長島屋・穀座
篠原九兵衛	八日市場	堺屋・油・醤油
鈴木 久右衛門	鉄砲町	佐野屋・呉服太物
阿久 津久兵衛	池上町	常陸屋・乾物・青物
鳥居清蔵	上河原	日光屋・鉄物

(『改訂うつのみやの歴史』宇都宮市、1992年、p.220より)

ったでしょう。むしろ先祖の苦労を考えたときに、自分の社会的な地位が向上していくことが、何よりも誇らしく感じられたことでしょう。これを、歴史学の用語である**上昇願望**と言い切ってしまえば、そうなのかもしれません。しかし、そこにはもっと個人的で人間臭く、曖昧な感情が込められているように、私には思えます。つまり、先ほども触れた「誠にこの栄を祖父君に見させざる事、残念に候」という言葉の重み。私には、これがほかの何よりも重要に思われてなりません。

最後に、増渕伊兵衛保良はこの「永用録」を次のように閉じています。

御先祖から四代までの古い記録が有るという申し伝えもあるが確認できない。よって、祖父の遺言についてその有増《あらまし》を記す。当家「升屋」と呼ぶ。祖父の保秀が、古着屋を始めたころ、「能筆」で知られる五十嵐源右衛門殿が、「あなた方の定紋は「丸に井筒」であったので、「丸井屋」と改めるのがよい。仮名で書くと、「満留以《まるい》」（ミツルト〻マルモツテイ〻〈満つると丸もっていい〉となり、めでたい屋号だ。」と申された。この教えにしたがい、「丸井屋」と改めた。このため（うちの）暖簾の文字は、右の源右衛門殿の筆によるものだ。今日までの八十数年、古着屋として商売が永く続いている。それは偏《ひとえ》に、御先祖のおかげ、ならびに保秀君の丹誠による。毎日、家業を怠ることなくつとめ、毎年の正月十六日に、御先祖代々の年数を確認して、年忌供養を大切にしなさい。これは、家例《かれい》である。後年になって、すべて慣例化したとしても、法要などを派手にしてはいけない。私は、近年、病身となり書き物もできないため、倅の彦太郎に指示をして本文を書かせた。私は、今年（酉《とり》年）で五十八歳になる。商売に関して滞りなくつとめてこれたのは、仏神の御加護によるものであり、誠にありがたいことです。右の記録の通りに、子孫永々と必ず守りなさい。

文久元年

辛酉五月吉日　　　　七代　増渕伊兵衛

ここにあるように、この「永用録」は、増渕家の先祖の系譜について祖父保秀の遺言のあらましに基づいて記したものです。ここだけ見ると、江戸時代の典型的な遺言のようにも思われるでしょう。六十歳を目前に病身となった増渕伊兵衛保良が第一線を退くにあたって、息子の彦太郎に対して遺言を残すのは自然なことです。これも、当時のありふれた行為の一つに過ぎません。

しかし、その前文を読んできた私たちは、決してそうした一般論では片づけられない、保良の祖父に対する特別な気持ちがあったことを知っています。たしかに、それは赤の他人の私たちには些細な問題かもしれません。しかし、七代目伊兵衛保良にとっては、祖父の存在が何よりも重要なことだったのでしょう。

いずれにせよ、ここに見られる「先祖の御余光」「神仏の御加護」などといった何気ない言葉——江戸時代の古文書ではありふれているフレーズ——に深く刻み込まれているそれぞれの人生の尊さについて、あらためて感じずにはいられません。

第十二話　「皆命終わるの時は捨て行かねばならぬ」

魚問屋・片桐三九郎

二百六十年にわたる江戸時代には、これまで見てきた遺言からもわかるように、当然ですが個性豊かな様々な人びとが暮らしていました。

くりかえしになりますが、大坂の陣以降、〃元和偃武〃といわれる大きな戦乱がほとんどない泰平の世の中が現出されました。もちろん百姓一揆などもありましたし、地震や洪水、飢饉などの災害は無数の尊い命を奪い、人びとに多大な恐怖と苦しみをもたらしました。

江戸時代の平均寿命は決して長くありません。せいぜい三十代というところです。結婚する年齢も今と似たようなものでしたから、圧倒的に多くの人びとは、結婚して子孫を残すこともなく亡くなっていきました。平和という言葉に隠された悲劇が、この時代にも蔓延していました。

そう考えると、ここに取り上げたような遺書の作者たちは、とても恵まれた境遇にあったということができるでしょう。だからこそ、そのような文書を残すことができました。そして、彼ら自身もそのことをよくわかっていたでしょう。

とはいえ、江戸時代はそれまでと比べると平和な世の中であったことはたしかです。こうした泰平の世の到来は、従来の価値観を大きく変えました。

第一に〝死〟の様相の変化です。戦乱がなくなったのだから、死は人びとの日常から遠ざかったと考えるのが普通でしょう。たしかに、明日、野武士に襲われて死ぬかもしれないという恐怖からは解放されました。

しかし社会の安定は、違った形で死を身近なものにしました。領主による支配が隅々まで及び、村や町の秩序が確立すると、**小農自立**《しょうのうじりつ》という百姓の家の成立《なりたち》が進みました。

つまり、家族が形成されることで、人が歳をとって病気になり、やがて病床で臨終をむかえるという一連のサイクルを経験する機会が従来よりも格段に増えました。よく江戸時代の仏教は、**葬式仏教**などといわれます（現代でもそうですが）。葬送行列や年忌法要、あるいは家の墓石（墓参り）などを通じて、死者との関わりは増え、必然的に自らの死や〝あの世〟について考えるようになります（深谷克己『死者のはたらきと江戸時代』吉川弘文館、二〇一三年）。これまで紹介してきた遺言は、いずれもそうした社会状況をよく表しています。

あの世には何も持っていけない

さて、本書の最後に、大助買《おおすけご》（鮮魚問屋）を経営した片桐三九郎《かたぎりさんくろう》という人物の遺言を紹介したいと思います。彼は、その膨大な遺言の末尾に次のように記しています。

この世の大事は商いなれども、全くこの欲界へ生を受け来る事は、六道の悪所の迷いを離れて、未来仏果を求めるの一つに付き、たとえばこの世にて毎日に商いし、衣服を着て、食を求め、世間の付き合い、家内の交わりも、皆命終わるの時は捨て行かねばならぬ事は、よき人の見知る所なり。然らば、臨終に至り、一つの息切る時、誠の大事と成るは何ものぞ。只々、後世を願うよりほかはなし。よって、各々念仏六字の謂われをよくよく聞いて安堵すべし。

（『新潟市史』資料編2 近世1、一九九〇年、六七四頁）

〔意訳〕

この世で最も大事なものは、商売だ。しかし、この「欲の世界」に生命を享けたことは、「六道の悪所」の迷いから抜け出して、「未来仏果」（将来の報い）を求めることが目的の一つだ。たとえば、この世で、毎日商売に励み、きちんとした衣服を着て、十分な食べ物を求めて、世間の付き合いをし、家族との生活をする。しかし、命が終わるときには、このすべてを捨てていかなければならない。このことは、常識があればわかるはずだ。それならば、臨終に近づき、今まさに息が途絶えるというそのとき、本当に大事なものとは何なのか。それは、ただ後世のことを願うことのほかにない。だから、それぞれ念仏六字（南無阿弥陀仏）の由来をよくよく聞いて、安心しなさい。

ここでは、「みんな命が終わるときにはすべてを捨てていかねばならないことは、常識があればわかるはずだ」といいます。とても印象的な言葉です。この世で得たものをあの世には持っていけないということは、たしかにみんな知っています。これは、当たり前のことのようですが、実は深い意味のある言葉だとも思います。この言葉を念頭に置きながら、遺言の中身を読み解いていきたいと思います

その前に、この片桐三九郎という人物について、簡単にわかることをまとめておきましょう。この遺言の表紙に「天保元寅年　七代三九郎遺書之事　若名宇八郎　六代目ノ八男」とあることから、天保元（一八三〇）年、六代目三九郎の八男である七代目三九郎（幼名・宇八郎）によって書かれたものであることがわかります。

現在、右の遺書を含む片桐家文書（七七一点、貞享五年～昭和三十年）は、新潟県立文書館に保管されています。解題（解説）によれば、片桐家は、「近世初期から新潟町本町通りで大助買《おおすけご》（鮮魚問屋）を営み、代々三九郎を称した。幕末編集の『記録写』や『魚町記録書留帳』を始め、全体の半数が家と鮮魚商業関係で、近世初期から明治に至る動向を知ることができる。（中略）このほか親類を含めて家系譜や年忌に関する文書が近世後期から多く残されており、当時の人びとの家や先祖に対する考え方が具体的にわかることも特徴のひとつである。」といいます（『新潟県立文書館だより』創刊号、二〇〇一年）。よって、片桐家に

ついては、こうした文書群を読み込めば、かなりの部分が明らかになると思います。
しかしここでは、あくまで『新潟市史』に掲載されたこの史料を頼りに、片桐三九郎の遺言に表れた思想に迫っていきたいと思います。

江戸の「家」意識

では、遺言の中身に入ります。構成については、最初に六代目三九郎の遺書が掲載されています。すなわち、次のような書き出しになります。

覚

一、この帳始末に至るまで一ヵ年に一度ずつ見て、万事を相心得申すべし。
一、商いは何よりの大事と心得申すべし。
一、諸客衆中を大切に執り扱い、惣《すべ》て表・裏なく相心得申すべき事。
一、客衆より何か頼まれ候わば、情を入れ相働き進め申すべき事。
一、旦那寺大事に相心得、奉加などの儀は、随分身上相応に上げたき事に候。
一、御上《おかみ》を恐れ、御掟《おさだめ》を相守り、小役人衆に至るまで無礼これなき様致すべき事。

一、諸親類中の末々まで、相変わらず出入あるべき事。
一、仏事の儀は、法事・時斎ともに過去帳を見て、油断なく相勤め申すべき事。
右の条々、慈父六代三九郎残し置かれ候間、猶々《なおなお》相守り申すべく候。

最後の一文に「慈父六代三九郎残し置かれ候間、猶々《なおなお》相守り申すべく候」と示してあるように、これは、先代の父三九郎の遺言であることがわかります。内容は、いたってシンプルです。はじめに「この帳（遺言）を年に一度見るように」とし、以下、「商売は何よりも大事であること」「お客様を大切に取り扱うこと」「旦那寺を大切にすること」「御上《おかみ》を恐れること」「親類との付き合いを大切にすること」「仏事を大切にすること」という基本的な項目が目につきます。最後の項目「仏事の儀について、過去帳を見て、法事や時斎を忘れることなくしっかりつとめるように」というのは、まさに、「家」と仏教が密接にかかわっている様子がうかがえるところです。ただ、ここでの内容は、ありふれたものです（それも重要なことですが）。当たり前のことが示されているに過ぎません。

しかし、ここで三九郎が、父の遺言をあらためて自分の遺書のなかに記した点に注意する必要があるでしょう。それは、三九郎にとって、父の存在がどれほど大きいものであったかを示しています。おそらく七代目三九郎は、父のこの言葉を堅く守って、家業に励んできたのだと思います。そう考えると、先ほどの一文、「右の条々、慈父六代三九郎残し置かれ候間、猶々相守り申すべく候」のなかにこそ、父の遺言を守り続けてきた七代目三九郎の人生が、反映されているように思えてなりません。

六代目三九郎についての思いは、遺言のなかの次の言葉からもうかがえます。

一、内に有る天明太平記《てんめいたいへいき》と安国旗劒伝《あんこくきけんでん》と大久保武蔵鐙《おおくぼむさしあぶみ》と、そのほかの小本は、慈父六代三九郎写し置かれ候間、大事に致すべき事。

つまり、家の中にある『天明太平記《てんめいたいへいき》』『安国旗劒伝《あんこくきけんでん》』『大久保武蔵鐙《おおくぼむさしあぶみ》』などの小本を大事にしろ、といっているわけです。ポイントは、「慈父六代三九郎写し置かれ候間」（慈父六代三九郎が写し置いたものなので）という文言でしょう。

ここでは、本の内容や価値をいっているわけではありません（これらはいずれも読み本、「小本」に過ぎません）。六代目三九郎が写し置いたものであることが重要なのです。慈父六代三九郎の存在は、子どもである三九郎にとって、それほど大きいものだったのです。直接的ではありませんが、この遺言の随所でそれを感じ取ることができます。以下、全体の内容を追っていくことにしましょう。
まず、七代目三九郎の遺言は、六代目三九郎の遺言を記した後、正月からの過ごし方を具体的に記していきます。

正月朔日
組合始め諸客中ならびに向い通《かよ》い合う屋敷近所そのほか出入衆中、縁類中まで残らず相勤め申すべし。尤も御寺は勿論の事。
一、医者達は、たとえその時懸《かか》らざるとも、近所壱・弐軒ずつ盆・正月両度相勤め置き申すべき事。
正月二日
漁船出初《でぞめ》これ有り候わば、壱艘に付き諸白酒弐升ずつ、白酒望むの方は、右の代銭だけ遣わし申すべし。尤も早朝より酒屋へ申し入れ、樽約束致し置き人跡へ廻らざる様に致すべし。但し下し遣い候様、左の通り、
樽に白紙を結び付け、棒に結び付け遣うべし。この酒、納屋にて後船よりの入酒と

て船神へ上げる。甚だ訳有る事なり。

一、帳祝いは、家内中にて随分賑々《にぎにぎ》しく致し候事。尤も余力有らば誰々も相招き申すべし。

一見すると、これが先ほどの遺言の一部とは思えないほど、現実的な内容となっています。元旦にあいさつをしなければならない人びとが挙げられていたり（「相勤め申す」というのはあいさつの意味でしょう）、漁船の出初《でぞ》め式《しき》の作法なども記されたりしています。また、「帳祝い」をできる限り盛大にすることなどなど、一つ一つ丁寧に説明されていきます。もちろん正月のことだけではありません。年間の過ごし方の大要が、ここには記されています。

したがって、この遺言は片桐家全体のしきたりを反映したものであることがわかります。七代目三九郎もこうした家の慣習に従って、一年間のサイクルを生涯にわたり繰り返してきたことでしょう。しかしそれは、七代目三九郎の個人としての意思が全くなかった、彼の人生が家に縛られたものだったということを、必ずしも意味しているわけではありません。

たとえば六代目三九郎は、旦那寺・仏事を大切にすることを述べていました。七代目三九郎もやはりそれを強調します。しかし、七代目三九郎の方は、「旦那寺の御坊達、縦令何程《たといいかほど》不埒《ふらち》成るとも、それをば決して申さざる事」「故は御坊も凡夫《ぼんぷ》なり」などと、かなり踏み込んだ物言いをしています。おそらく長い人生のなかで、「御坊」たちの悪評を度々見たり聞いたりしてきたのでしょう。父の遺言を大切にしつつ独自の生き方を築いているところが、興味深く感じられます。

それでは、七代目三九郎の記した教訓をまとめていきながら、本章の冒頭の文章の意味について考えてみることにしましょう。

七代目三九郎の教訓

これまで記してきたように、七代目三九郎の遺言には、父である六代目三九郎の考え方が大きく影響しています。しかしながら、七代目三九郎独自の人生訓もはっきりと見えてきます。右に挙げた以外にも、たとえば次のようなことを述べています。

一、人の事に付き、腹の立つ事候わば、自分の利をまず止めて、先方の事をよくよく聞き、または相考《あいかんが》い申すべし。必々先方にも咄《はな》し分の有るものなり。ただ己ばかり見ては、いつも当惑事多し。この事考いば知れる。

あえて訳すまでもありませんが、「他人に対して腹が立ったときは、まずは、先方の言い分をよくよく聞き、考えること」が大切だといいます。自分のことばかり考えていてはダメだというわけです。三九郎は、ほかの箇所でも、「奢《おごる》べからす　一徳《いっとく》あれば一失《いっしつ》有り」「己《おのれ》奢《おごり》にして人に迷惑を懸けるべからず」などと述べていますから、〝傲慢に構えてはいけない〟ということを、どうしても子孫に伝えておきたかったことがわかります。それは、「金銭衣類等は、自分でよくよく吟味して、必ず人を疑わぬ様致すべし」という言葉ともかかわるでしょう。自分に厳しくなりなさい、と伝えたかったのでしょう。

また一方で、人を信用しすぎてはいけないことについても、この遺書のなかでは強調されています。たとえば、次のような言葉が見られます。

一、弟分の者、働き大《おおい》に有るとて、己《おの》が録《ろく》（禄）株《かぶ》など解《と》き遣《つか》わす事無用《ことなきよう》。兄弟なりとも欲の一字に眼潰れ、さてまたその二代なりては、甚《はなは》だしく相違の有るものなり。

ここで書かれている「兄弟なりとも欲の一字に眼潰れ」（兄弟であっても「欲」の一字に

眼がくらんでしまう）というのは、印象的な言葉です。ほかにも三九郎は、「人より金を借りて返済候わば、たとえ兄弟同様の男たりとも、本証文《ほんしようもん》取《と》り戻《もど》し候事。是又我等《これまたわれら》相考《あいかんが》え候事これ有る故に印す」などとも記しています。おそらく、思い当たる経験（「考え候事」）が何かあったのでしょう。おそらく、こうした慎重な考え方の延長線上に、「人有りて異なる事申し候わば、油断有るべからざる事、珍らしき事には、うそ多し」「当時の人気《じんき》極々《ごくごく》悪《あ》しき故、気をつけて、また逸々《いちいち》付き合うべし」などといった教訓が導き出されてくるのでしょう。

実際、三九郎の示す教訓の一つ一つには、彼の人生のなかで見聞きした様々な経験が反映されています。わかりやすい例としては、「火の用心」について、彼は次のように記しています。

一、火の用心は、堅く気を付け、家内女子《かないおんなこ》どもまで申し聞かせ、寝時ごとに改め休むべし。さて常に雑縄、らうそく（蝋燭）、らうそく立て（蝋燭立）、曲釘弐・三本、はしご（梯子）、たんすの棒、陣笠《じんがさ》、わらんじ（草鞋）、火打石《ひうちいし》、ほくち（火口）、つけぎ（附木）各々《おのおの》相揃《あいそろ》え置《お》き申《もう》すべし。

その場所へ行く時、陣笠わらんし（草鞋）離さざる事。寺井次郎兵衛《てらいじろべえ》火本《ひもと》の火事に、貝屋市松《かいやいちまつ》の兄、頭《あたま》へ石当《いしあた》り四日めに死ぬ。さて、風を見て怪しき時は、その場を捨て戻るべし。焼けて居る家の三四軒より傍《そば》へ行き申すべからざる事。

なんとも臨場感のある物言いです。寺井次郎兵衛が火元となった火事のことが、三九郎の脳裏にはあるようです。こうした実体験が彼の教訓につながったことは明らかでしょう。

しかしながら、彼の遺言のなかでもっとも目立つのは、その宗教心・信仰の面です。彼が熱心に阿弥陀仏を信仰していることは随所から伝わってきます。たとえば次のような記述です。

一、地獄も極楽も無しと言う者は、有無の外道《げどう》なり。近寄るべからず。
一、浄土真宗御正意《おんしょうい》の安心は、ただ一念帰命《いちねんきめい》なり。
一、あみたふつ（阿弥陀仏）のわれをたのめ（我を頼め）、必ず助かると有るは、十劫《じっこう》正覚《しょうがく》の時より
その御よひ（呼び）こゑ（声）を聞て、かかる私如きの悪人も、この儘《まま》ながら御助け

下さるは、あみた（阿弥陀）仏ばかりと、一心にうたか（疑）わず、しん（信）じて、その後は命の間、御報謝《ごほうしゃ》の御念仏ばかりにて候と、ちゆうもん（注文）いたし候て、この一念がたす（助）けたま（賜）いとたのみ奉るなりと是なおなお、旦那寺手次の坊さま、または、そのほかの寺衆にくりかえしくりかえし聞きて、よくよく一心期《ちぎ》り候わば、その後、人間の有りさま見て、世をす（過）ごすべきことかんよう（肝要）なりと、我等においては、かくご（覚悟）をすい居り候。

右の記述からは、三九郎が熱心な浄土真宗の信者であったことがわかります。「地獄も極楽も無しと言う者は、有無の外道なり。近寄るべからず」というのは、とても厳しい表現です。そしてこれを受けて、冒頭に掲げた遺言書の末尾を考えるべきでしょう。再掲してみましょう。

この世の大事は商いであるけれど、この「欲界」に生を享けたことは、六道の悪所の迷いを離れ、未来仏果を求める一つです。たとえば、この世にて毎日商いをし、衣服を着て、食べものを求めて、世間の付き合いをし、家庭での生活も、すべて命が終わるときには、捨てて行かなければならない。このことは、賢い人は知っていることです。それならば、臨終に至って息が途絶えるとき、本当に大事とは何なのか。ただ後世のことを願うよりほかにはありません。よって、それぞれ念仏六字の謂われをよくよく聞いて、安堵しなさい。

お気づきでしょうか。「この世の大事は商いなれども」というのは、もちろん六代目三九郎の言葉です。読み飛ばしてしまいがちですが、実はここの部分にこそ、「慈父」である六代目の考え方に大きく踏み込んだ七代目三九郎の遺志が見えてきます。つまり、「商いなれども」の「なれども」（であるけれど……）には、その死期を悟った七代目の、今まさに先祖の教えを乗り越えようとする緊張感を読み取るべきでしょう。そしてそれは、次のような見解へと導かれていきます。

たとえば、この世にて毎日に商売をして、衣服を着て、食を求めて、世間の付き合いをし、家族とのふれあいをする。これらはみんな、命が終わるときには捨てて行かねばならないことである。これは、知識のある人はみんな知っていることだ。だとすれば、臨終に向かってまさに息が切れるとき、本当に大事なことは何であろうか。それは、ただただ、後世を願うよりほかにない。だからこそ、各々に、念仏六字の謂われをよくよく聞いて安堵しなくてはならないのだ。

遺書のなかに、片桐家のしきたりを詳細に書き込んだ三九郎――彼は、おそらく六代目三九郎の遺志をもっとも正しく認識し、ある意味では、その遺志に一番束縛された人生を送った人物であるということもできるでしょう。

それは、この膨大な記述を見れば明らかです。しかしながら、彼が、その遺書の末尾に「皆命終わるの時は捨て行かねばならぬ」というのには、なにか深い意味があるような気がしてなりません。

それは一見すると、先祖のしきたりを守る姿勢とは、矛盾しているように感じます。ただ一方で、そこにこそ、七代目片桐三九郎が、老境に至って到達した、父の言葉を乗り越える彼独自の人生哲学のようなものがあったようにも思います。

先祖の言葉に忠実に生きてきたであろう七代目。彼が最後に感じていたのは、衣食も世間も、命が終わるときにはなにも意味をもたない、ということでした。そんな儚《はかな》い人生で拠り所となるものとはなにか。それは、「ただただ後世を願うよりほかない」というものでした。

この文面のなかに、七代目片桐三九郎の実に人間らしい葛藤が込められているように私は思います。それを、阿弥陀仏にすがる宗教心として一言にまとめてしまうのは、なんだか惜しいように感じます。

ただ、これについても、片桐家に伝わった別の文書を詳細に読み込めば、さらに深いレベルでこの言葉の意味を知ることができるかもしれません。しかし、すでに何度も繰り返してきたように、本書はそうした分析には立ち入りません。あくまでこの遺言の文面に即して、彼の人生を考えてきました。この遺言書を何度も読み込んで思うこと。それはやはり、七代目三九郎の人生もまた、ほかのすべての遺言の書き手と同じく豊かなものだったといえるということでしょう。

おわりに　二百年前の「人生とは何か」

ここまで十二人の遺言から、江戸時代の社会とそこで生きた人びとが考えていたことを探ってきました。

ここに示した十二人は身分や素性は様々ですが、共通点もあります。家の相続のこと、子孫のことを強く思う気持ちは、どの人も同じだったでしょう。あるいは、自分たちは〝天下泰平〟の世を生きているといった時代感覚も、ある程度共通していました。

その一方で、それぞれの遺書の根底には、全く違った世界観や人生観が見え隠れしていることに気がつかれたと思います。違う人が書いたので当然でしょうが、それらの内容は決して当たり前のものとして読み飛ばしてはいけません。

いうまでもないことですが、年長者の考えはすべて正しいとか、江戸時代のものは何でも貴重だといったことを主張したいわけではありません。人間である以上、誰もが不完全ですし、ここで紹介した人びともまた、世渡りの厳しさを痛感し、人生の最期に至っても後悔の念や反省を忘れていませんでした。

しかし、ここで紹介した言葉の一つ一つには、それぞれの人生が刻まれていました。彼らが生きた社会状況の影響も少なからずありましたが、それ以上に実に人間らしい等身大の生き様が表れているように思います。

私も含め歴史学者たちは、通常、江戸時代の遺書を読む際、それを書いた人物の暮らした時代背景や社会構造、制度といったものに焦点を絞り、実証分析に勤しみます。〝このような文書を残した○○さんはどういう人物だったのか〟をできるだけ客観的かつ科学的に把握しようとするならば、その人物の属した村落共同体の特質や、そのなかでその人がどの階層に位置していたのか、あるいはもっと下世話なことをいえば、どのくらい土地やお金を持っていたのかといった点を明らかにしなくてはなりません。

もちろん、こうした外堀を埋めていく作業をしていかなければ、その人物について理解することはできません。こうしたエビデンスは、その人を理解するための客観的なデータになりますから、とても大切です。よって、こうした作業がその人物を歴史社会の構造のなかで捉えるために必要なことは疑いようのない事実です。

また、別の視点も成り立ちます。「この人物はどうしてこんな考えに至ったのだろうか」ということを明らかにするとしましょう。そんなときには、どんな書物を読んだのか、どういう人と出会ったのか、あるいは、どのような事件がきっかけでこのような考えをもったのか、ということを検討しなければなりません。また、「結局この人は、○○という思想家の影響を受けた人物だといえる」ということを実証し、その人脈やネットワークを解明していくことも必要でしょう。

要するに、歴史のなかにいる一人の人物を把握するということは、分類や総合といった科学的な検証を積み重ねていくことです。背景となる組織や制度も明らかにする必要があります。それらの作業を終えてやっと、対象の人物をある程度、客観的に把握できたということになるわけです。

このような考え方は、ここ数十年の歴史学の到達点といえます。戦後の歴史学が、いわゆるマルクス主義（唯物史観）の影響を受けた理論によって、ある種の法則のように人物や社会の動きを把握しようとしたのに対し、近年の歴史研究は、むしろ個々の実証を精緻に行うことで、より実態に近いかたちで対象を分析することを重視してきました。それは、言い方を換えるならば、歴史学を**グランドセオリー**から解放し、人びとのリアルな暮らしに迫る作業であったともいえます。

しかしながら、やはりそれにも限界はあります。学術研究においては、どうしても当時の政治・経済・社会の動きや制度、慣習などが重要視されます。思想史や精神史の分野においても、卓越した個人や一般的な集団意識（社会通念・常識）が検討の対象とされます。つまり、個々の人びとの内面にはどうしても到達できません。

しかし二十一世紀の今、人びとの生活様式が急速に進化する状況において、このような認識だけで果たして十分なのでしょうか。ここには、肝心ななにかがすっぽりと抜け落ちてしまってはいないでしょうか。本当にこれで、歴史のなかで生きる人間を理解することができたといえるのでしょうか。こう考えると、何だか歯がゆい気持ちがしてなりません。

おそらくそれは、学者たちが学術的な研究を第一義とするために、端《はな》から歴史上の人びとのリアルな言葉を意図的に排除したり、疑ってかかったりしてしまうことによるのでしょう。もちろん、それは学術研究としては時に必要なことです。しかしながら、「研究」という視点からは抜け落ちてしまう一人一人の生き生きとした言葉に、私は勇気づけられます。ここで紹介した十二人の遺言は、いずれも性格も職業も異なりますが、現代社会に生きる私たちの心に響くなにかがあるように思います。

素朴な言い方をしてしまえば、私たちは、江戸時代の人びとの語った言葉にもっと耳を傾けた方が良いのではないでしょうか。等身大の彼らの人生について、あらためて考える機会があっても良いのではないでしょうか。私はそう思います。

政治の動向、株価の変動、流行、国際情勢――今日、日常のあらゆる側面において、私たちは長期的なプランで物事を考えることができなくなりました。また、その必要もなくなりつつあります。

私たちは、十年後の社会を考えることはおろか、一年後の自分について考えることすら不可能であることにもう気がついています。こうした時代において、深い教養や哲学のようなものは、あまり意味を感じさせません。むしろ、即効的で実用的な知の方が求められます。状況が目まぐるしく変わるなか、一つの問題をいつまでも考えていても仕方ありません。とにかくスピーディに合理的な判断を、その都度着実に下していくことが至上命令として求められます。

ただ、こうした社会には当然、息苦しさが伴います。それは、普段は感じないかもしれません。ある日、突然、それは私たちを襲います。仕事を失ったとき、病に罹ったとき、あるいは近しい人の死に直面したとき――。

そうした人生の転機は、いつの時代も変わらず、何の前触れもなく私たちの前にやってきます。そのときになってはじめて、私たちは人生に対してあまりに貧弱な思想しか持ち合わせていなかったことに気がつきます。そう、いくらネットで検索しても答えはどこにもないことをようやく学ぶのです。

しかし、これまでの人生を振り返ってみると、実は、私たちの身の回りには、常に生きるヒントとなる言葉が隠されていました。小・中学校の先生の言葉であったり、あるいは家族の言葉であったり、友人・先輩の言葉であったり、よく耳にする歌詞であったり、映画のセリフだったりするかもしれません。そのときは深く意味を考えることもなく、あるいは反発さえした言葉が、人生の重大な局面で全く予期せず、重い響きを伴って現れることがあるかもしれません。それに近いものを、本書で取り上げた遺言からは感じられます。

ここまで私たちは、江戸時代の人びとの遺言（史料）を読みながら彼らの人生について考えてきました。今の自分に役立つものもあれば、全く心に響かないものもあるでしょう。しかし、現代とは全く異なる歴史世界に生きた人びとの史料をもとに考えをめぐらせることそのものが、大切なのではないでしょうか。

遺言を書き記していた彼らは、そのとき、死に近いところにいたはずです。しかし、彼らの言葉には、力強い生命の息吹を感じます。それは、彼らが自らの人生について深く考えてきた証といえるでしょう。自分たちが死んだ後の日々、そして、自分が生まれてくる前の日々――彼らの思索は力強くそこに向かっています。だからこそ、彼らの言葉は生き生きしているのでしょう。それらには大変勇気づけられます。

ちなみに、私がここで紹介した遺言は、すべて自治体史の資料編に記載されていたものです。

今、こうした文書を探して読むことは、決して難しいことではありません。図書館で、気軽に江戸時代の史料の全文を読むこともできます。もちろん、これが歴史学の魅力のすべてだと主張するものではありませんが、一つのきっかけとして、そこから歴史的世界へ関心を向けていただければ幸いです。

さて、本書を書くにあたっては、直接的あるいは間接的に多くの方々のお世話になりました。まず本書のベースとなる調査は、二〇一六年の上廣倫理財団研究助成（課題名「『夢』と『遺言』から探る近世庶民の人生哲学」）によって実施しました。これは全国各地で刊行されている自治体史のなかから遺言や夢に関する記述を悉皆《しっかい》調査するものでしたが、そこで集めた史料の講読を国士舘大学の学生たちと行いながら本書の構想をふくらませていきました。

すなわち、はじめに触れたように、本書は二〇一七年度および二〇一八年度、国士舘大学文学部史学地理学科考古・日本史学コースの二年生を対象として行った講義（「近世史料を読む2」）をベースとしています。これはその名の通り、少人数の学生たちと「近世史料」を読み込むトレーニングをする授業です。ですからここで選んだ史料は、江戸時代の概説に適した素材として読みやすさ等を優先して決めたものにすぎません。しかし、学生たちの意見や感想を聞いているうちに、本書につながる一つのまとまった構想が生まれてきました。講義に積極的に参加してくれた学生たちにあらためて感謝したいと思います。また、史料について様々なアドバイスをくださった千葉県文書館の武田真幸さんにも感謝申し上げます。

なお本来ならば、こうした一つ一つの遺言について関係する古文書を文書館等で閲覧・網羅し、総合的に分析していく必要があったと思いますが、今回はそうした調査は行っていません。そもそもこの授業の目的は、自治体史の意義を確認し、卒論を書くための出発点にしてもらうことにありました。そのため本書の内容も、あえて自治体史を中心に据えています。やや内容が偏っているように聞こえるかもしれませんが、むしろ自治体史こそ興味深い情報の宝庫なのです。いってみれば、学生たちが江戸時代をテーマに卒論を書く上ではもってこいの素材です。その意味で、史料を公開してくださった所蔵者の方々をはじめ、自治体史編纂にかかわったすべてのスタッフの皆様に対し心から感謝したいと思います。

また執筆においては、幼いころから今日まで、いつも貴重なアドバイスをくれる田舎の祖父母と両親の存在も大きな原動力となっています。「而立」の歳を過ぎ、ますます人生に迷うことが多くなった私ですが、どんなに苦しいときでも支えてくれる家族にも感謝したいと思います。

最後に、本書の企画を持ちかけてくださり、的確で興味深いご指摘を数々くださった編集者の古川遊也さんにあらためて感謝申し上げます。

令和元（二〇一九）年八月吉日　　夏目琢史

夏目琢史（なつめたくみ）

1985年生まれ。国士舘大学文学部史学地理学科講師。公益財団法人徳川記念財団特別研究員。一橋大学大学院社会学研究科博士後期課程修了。博士（社会学）。一橋大学附属図書館助教を経て現職。主な著書は『アジールの日本史』（同成社）、『井伊直虎 女領主・山の民・悪党』（講談社現代新書）、『「名著」から読み解く日本社会史 古代から現代まで』（ミネルヴァ書房）など。

江戸《えど》の終活《しゅうかつ》 遺言《ゆいごん》からみる庶民《しょみん》の日本史《にほんし》

2019年9月30日初版1刷発行

著　者 ── 夏目琢史
発行者 ── 田邉浩司
装　幀 ── アラン・チャン
印刷所 ── 堀内印刷
製本所 ── 榎本製本
発行所 ── 株式会社光文社
東京都文京区音羽1-16-6（〒112-8011）
https://www.kobunsha.com/
電　話 ── 編集部03（5395）8289 書籍販売部03（5395）8116
業務部03（5395）8125
メール ── sinsyo@kobunsha.com

 ISBN 978-4-334-04433-6
JASRAC 出 1909747-901

1013
喪失学
「ロス後」をどう生きるか？
坂口幸弘

家族やペットとの死別、病、老化……私たちは「心の穴」とともに歩んで行く。死生学、悲嘆ケアの知見、当事者それぞれの向き合い方を学ぶ。過去の喪失から自分を知るワーク付き。

978-4-334-04419-0

1014
「ことば」の平成論
天皇、広告、ITをめぐる私社会学
鈴木洋仁

天皇陛下のおことば、ITと広告をめぐる言説、野球とサッカーが辿った道……。「平成」の形を、同時代に語られた「ことば」を基に探る極私的平成論。本郷和人氏推薦。

978-4-334-04420-6

1015
「家族の幸せ」の経済学
データ分析でわかった結婚、出産、子育ての真実
山口慎太郎

母乳育児や3歳児神話……。出産や子育てにおいて幅をきかせるエビデンス（科学的根拠）を一切無視した「思い込み」を、気鋭の学者が最先端の経済学の手法で徹底的に論破する。

978-4-334-04422-0

1016
不登校・ひきこもりの9割は治せる
1万人を立ち直らせてきた3つのステップ
杉浦孝宣

「8050問題」につながる若者の不登校・ひきこもりという社会課題に30年以上向き合ってきた教育者が語る、親子で生活を立ち直らせるための3ステップ。

978-4-334-04424-4

1017
教養としてのロック名盤ベスト100
川﨑大助

現代人の基礎教養とも言えるロック名盤100枚を、これまでにない切り口で紹介・解説。著者の主観・忖度抜き、科学的な手法で得られた驚愕のランキングの1位は？

978-4-334-04425-1

光文社新書

1018

発掘！ 歴史に埋もれたテレビCM
見たことのない昭和30年代

高野光平

こんなモノがあったのか！ ナゾだらけの草創期テレビCMの実態とは？ 「名作」とはひと味ちがう、無名の発掘物でたどる「もうひとつのテレビCM史」。CM史研究の第一人者が解き明かす。

978-4-334-04426-8

1019

なぜ女はメルカリに、男はヤフオクに惹かれるのか？
アマゾンに勝つ！ 日本企業のすごいマーケティング

田中道昭 牛窪恵

日本企業は、なぜマーケティングでアマゾンに対抗することができるのか？ アマゾン分析の第一人者と、トレンド研究の第一人者が、マーケティングの秘策を徹底解説する一冊。

978-4-334-04427-5

1020

日常世界を哲学する
存在論からのアプローチ

倉田剛

「空気」って何？ 「ムーミン谷」はどこ？ 「パワハラ」の在り方とは？ 安倍内閣の「信念」って⁉ 当たり前を疑えば日常風景が変わる。「在《あ》る」をとことん考える哲学の最前線へ！

978-4-334-04428-2

1021

がん検診は、線虫のしごと
精度は9割「生物診断」が命を救う

広津崇亮

尿一滴で線虫が早期がんを高精度に検知する！ 驚異の検査法「N-NOSE」はがん医療をどう変えるか。産みの親である研究者が、自身の歩みやがん検診・治療の今後を伝える。

978-4-334-04429-9

1022

不登校からメジャーへ
イチローを超えかけた男

喜瀬雅則

日大藤沢高校→不登校・引きこもり・留年・高校中退→渡米→新宿山吹高校（定時制）→法政大学→渡米――異色のベースボールプレーヤーのチャレンジし続ける生き様を活写！

978-4-334-04430-5

1023
掘り起こせ！　中小企業の「稼ぐ力」
地域再生は「儲かる会社」作りから
小出宗昭

年間相談数4千超の富士市の企業支援拠点・エフビズ。そのモデルは今や全国に広がる普遍的方策だ。真の「強み」を見つけ、儲けに変えるノウハウを直伝。藻谷浩介氏との対談つき。

978-4-334-04423-7

1024
「マニュアル」をナメるな！
職場のミスの本当の原因
中田亨

ミスが多発する現場には、「駄目なマニュアル」があった！長年、人間のミスの研究を続ける著者が、マニュアル作りに悩む人のために、すぐに使える具体的なテクニックを紹介。

978-4-334-04431-2

1025
江戸の終活
遺言からみる庶民の日本史
夏目琢史

天下泰平の世に形成された「家」は肉親の死を身近にし、最期を悟った者は自らの教訓を込めて遺書を記した。近世人の言葉から当時の生き方と社会を読み取り、歴史学を体感する。

978-4-334-04433-6

1026
ビタミンDとケトン食最強のがん治療
古川健司

末期がん患者さんの病勢コントロール率83%の「免疫栄養ケトン食」。そこにビタミンDの補給が加わることで、予想を超える効果が。学会も認めた臨床研究の結果を初公開！

978-4-334-04435-0

1027
死に至る病
あなたを蝕む愛着障害の脅威
岡田尊司

豊かになったはずの社会で、生きづらさを抱え、心も身体も苦しく、死にたいとさえ思う人が増え続ける理由は？　我々が直面する「生存を支える仕組みそのものの危機」を訴える。

978-4-334-04436-7